첫걸음 떼고 바로 시작하는 일본어 독해 공부

# 착! 붙는
# 일본어 독해

저자 **최민경**

시사일본어사

## 머리말

어린 시절 일본의 어느 시골 학교에서 히라가나도 모른 채 교실에 앉아 있었습니다. 교과서를 펴도 글자는 전혀 읽을 수 없었고, 친구들의 말도 알아들을 수 없었습니다. 선생님은 일본 국어 교과서를 그대로 베껴 쓰게 하셨습니다. 집에 가서는 사전으로 글자 뜻과 발음을 하나씩 찾아 외우며, 다음 날 더듬더듬 읽기를 반복했습니다.

계절이 바뀔 무렵 글자가 점점 눈에 들어오기 시작했습니다. 칠판에 적힌 한자를 어렵게 읽었을 때, 선생님과 친구들이 환호하며 기뻐해 준 순간이 아직도 생생합니다. 친구들이 추천해 준 책들을 읽으며 실력이 늘어나는 기쁨을 느꼈고, 학교 도서관의 책들을 모조리 읽어 보겠다는 목표도 생겼습니다.

이 책은 '책 읽기'를 통해 일본어를 배운 저의 경험을 바탕으로 만들었습니다. 일본어를 처음 배우는 학습자들이 짧고 쉬운 지문부터 차근차근 읽으며 독해 실력을 키울 수 있도록 1단계에서 3단계까지 점진적으로 난이도를 높여서 구성했습니다. 흥미로운 스토리텔링을 통해 자연스럽게 일본의 일상과 문화를 접하고, 짧은 작문 활동을 포함해 문장력까지 함께 키울 수 있도록 구성했습니다.

본문에 나온 주요 문법과 단어를 '문형 체크'와 '실력 체크'에서 다시 확인하고, 간단한 작문 활동을 통해 스스로 문장을 만들어 보는 연습도 할 수 있습니다. 또한 '따라 써 보기' 코너를 통해 필사하며 내용을 자신의 것으로 만들 수 있습니다. 본문과 관련된 '칼럼'은 독해의 재미를 더해 줄 것입니다.

'독해'는 단순히 언어를 배우는 것을 넘어 문화를 이해하고 세상을 보는 눈을 넓히는 힘입니다. 일본어를 배우는 목적은 사람마다 다르지만, 이 책이 여러분에게 독해에 대한 자신감을 주고, 일본어를 더 재미있고 친근하게 느끼는 데 도움이 되기를 바랍니다.

감사합니다.

저자 **최민경**

## 이 책의 구성 및 특징

이 책은 일본어 초급 과정을 마친 후, 다음 단계로 레벨 업((level up)할 수 있는 독해 교재입니다. **일본어능력시험(JLPT) N4 ~ N3** 수준의 술술 읽히는 독해 지문으로 구성되어 있습니다. 짧고 쉬운 지문을 통해 독해에 대한 자신감을 키울 수 있고, 실생활에서 자주 쓰는 표현과 문장을 자연스럽게 익힐 수 있습니다.

- 일러두기: 한국어 해석의 인명, 지명, 음식명 등은 〈외래어 표기법〉에 따라 표기되어 실제 일본어 발음과 다를 수 있습니다.

### 단계별 구성

총 3단계의 난이도(Level 1~3)로 구성되어 있어 점진적으로 난이도를 높여 자연스럽게 독해 실력을 향상할 수 있습니다.

**Level 1** UNIT 01~05
**Level 2** UNIT 06~10
**Level 3** UNIT 11~15

## 도입부

각 UNIT의 시작 페이지에는 주요 문형이 제시되어 있어 학습 내용을 한눈에 파악할 수 있습니다.
또한, 우측 상단의 QR을 통해 동영상 강의를 시청할 수 있습니다.

### 동영상 강의 보기
QR코드를 스캔하면 무료 동영상 강의를 바로 볼 수 있습니다.

### 주요 학습 문형
해당 UNIT에서 익혀야 할 주요 표현을 확인 가능합니다.

### QR코드 인식하는 방법

스마트폰의 카메라를 켜서 화면 안에 QR코드가 들어오도록 가까이 대면, 잠시 후 자동으로 인식됩니다. 자동으로 인식이 되지 않는 경우에는 별도의 QR코드 인식 앱을 설치하여 이용할 수 있습니다.

## 📖 STORY 읽기

다양한 테마의 독해문을 통해 일본 문화와 정서도 함께 익힐 수 있습니다. 우측 상단의 QR을 통해 원어민 음성을 들을 수 있습니다. 음성은 총 세 가지 버전으로 제공됩니다.

▶TRACK 느린 속도 | 보통 속도 | 따라 읽기

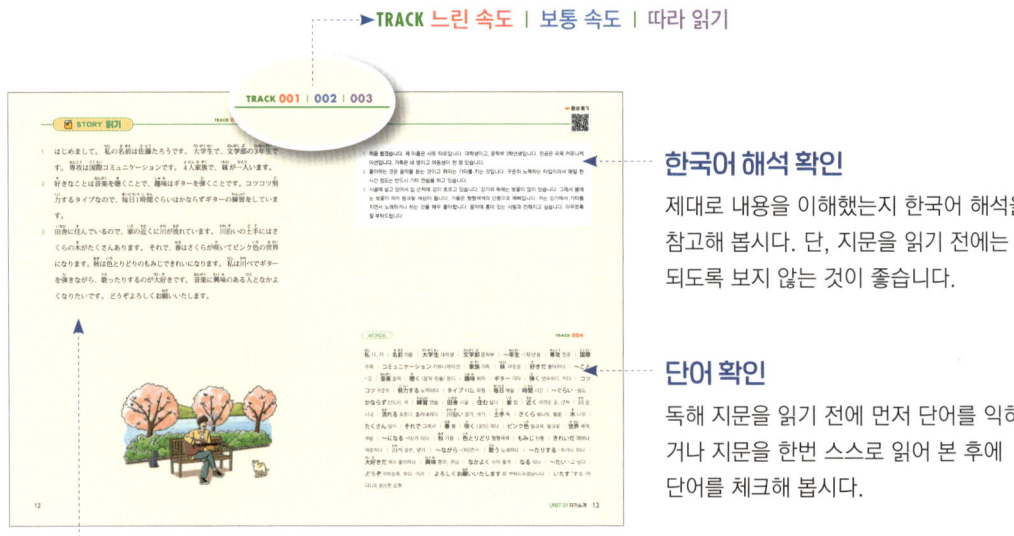

### 한국어 해석 확인
제대로 내용을 이해했는지 한국어 해석을 참고해 봅시다. 단, 지문을 읽기 전에는 되도록 보지 않는 것이 좋습니다.

### 단어 확인
독해 지문을 읽기 전에 먼저 단어를 익히거나 지문을 한번 스스로 읽어 본 후에 단어를 체크해 봅시다.

### 독해 지문
부담 없이 읽을 수 있는 분량으로 구성되어 있습니다.
문단마다 번호가 매겨져 있어 해석을 볼 때 쉽게 찾을 수 있습니다.

## 📝 문형 CHECK

독해에 나온 주요 문형을 다양한 예문을 통해 익힐 수 있습니다.

### 의미와 접속 방법 확인
문형의 의미와 품사별 접속 형태를 간단히 체크할 수 있습니다.
한국어 뜻과 단어를 참고하여 예문을 읽어 봅시다.

이 책의

### 실력 CHECK

다양한 문제를 풀어 보며 실력을 점검할 수 있습니다.

### 따라 써 보기

또박또박 필사하며 내용을 한번 더 복습해 봅시다.

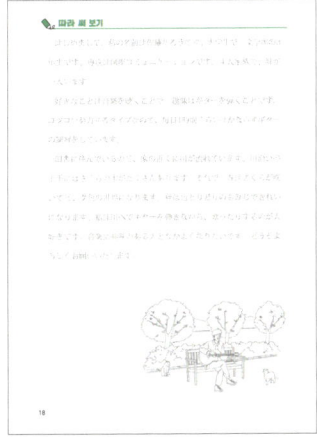

### コラム 칼럼

테마와 관련된 짧은 글도 함께 읽어 봅시다.

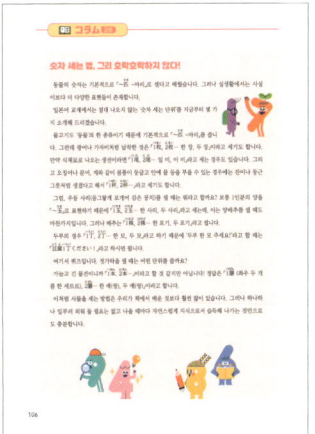

### 강의 보기

〈시사북스〉 유튜브 채널에서 무료로 강의를 볼 수 있습니다.

### 음성 듣기

QR코드를 통해 듣거나 시사일본어사 홈페이지에서 음성 파일을 다운받을 수 있습니다.
www.sisabooks.com/jpn

# 목 차

### Level 1

| UNIT 01 | 自己紹介 (じこしょうかい) 자기소개 | 11 |
| UNIT 02 | 私の一日 (わたしのいちにち) 나의 하루 | 19 |
| UNIT 03 | 手紙 (てがみ) 편지 | 27 |
| UNIT 04 | 風邪 (かぜ) 감기 | 35 |
| UNIT 05 | お好み焼き (おこのみやき) 오코노미야키 | 43 |

### Level 2

| UNIT 06 | キツネとタヌキ 여우와 너구리 | 51 |
| UNIT 07 | え？ 英語 (えいご)じゃない？ 어? 영어가 아니야? | 59 |
| UNIT 08 | 地名の由来 (ちめいのゆらい) 지명의 유래 | 69 |
| UNIT 09 | 鹿公園 (しかこうえん) 사슴 공원 | 79 |
| UNIT 10 | オレンジ色 (いろ) 오렌지색 | 87 |

## Level 3

| UNIT 11 | 数え方 수를 세는 법 | 97 |
| UNIT 12 | 話し言葉と書き言葉 구어체와 문어체 | 107 |
| UNIT 13 | 絵文字 그림 문자 | 117 |
| UNIT 14 | 魚の名前 물고기 이름 | 127 |
| UNIT 15 | 初詣 새해맞이 | 137 |

**부록**
- 문법 요약  148
- 실력 CHECK 정답  152

▶영상 보기

UNIT 01

じ こ しょう かい
# 自己紹介

자기소개

―― 주요 학습 문형 ――

- **趣味は ～ことです** 취미는 ~(하는) 것입니다
  (しゅみ)
- **～ている** ~(하)고 있다/~어(아) 있다
- **～ながら** ~(하)면서

## STORY 읽기

1. はじめまして。私の名前は佐藤たろうです。大学生で、文学部の3年生です。専攻は国際コミュニケーションです。4人家族で、妹が一人います。

2. 好きなことは音楽を聴くことで、趣味はギターを弾くことです。コツコツ努力するタイプなので、毎日1時間ぐらいはかならずギターの練習をしています。

3. 田舎に住んでいるので、家の近くに川が流れています。川沿いの土手にはさくらの木がたくさんあります。それで、春はさくらが咲いてピンク色の世界になります。秋は色とりどりのもみじできれいになります。私は川べでギターを弾きながら、歌ったりするのが大好きです。音楽に興味のある人となかよくなりたいです。どうぞよろしくお願いいたします。

🔊 음성 듣기

1. 처음 뵙겠습니다. 제 이름은 사토 타로입니다. 대학생이고, 문학부 3학년생입니다. 전공은 국제 커뮤니케이션입니다. 가족은 네 명이고 여동생이 한 명 있습니다.
2. 좋아하는 것은 음악을 듣는 것이고 취미는 기타를 치는 것입니다. 꾸준히 노력하는 타입이라서 매일 한 시간 정도는 반드시 기타 연습을 하고 있습니다.
3. 시골에 살고 있어서 집 근처에 강이 흐르고 있습니다. 강가의 둑에는 벚꽃이 많이 있습니다. 그래서 봄에는 벚꽃이 피어 핑크빛 세상이 됩니다. 가을은 형형색색의 단풍으로 예뻐집니다. 저는 강가에서 기타를 치면서 노래하거나 하는 것을 매우 좋아합니다. 음악에 흥미 있는 사람과 친해지고 싶습니다. 아무쪼록 잘 부탁드립니다.

### WORDS  TRACK **004**

私 나, 저 | 名前 이름 | 大学生 대학생 | 文学部 문학부 | ~年生 ~(학)년생 | 専攻 전공 | 国際 국제 | コミュニケーション 커뮤니케이션 | 家族 가족 | 妹 여동생 | 好きだ 좋아하다 | ~こと ~것 | 音楽 음악 | 聴く (음악 등을) 듣다 | 趣味 취미 | ギター 기타 | 弾く 연주하다, 치다 | コツコツ 꾸준히 | 努力する 노력하다 | タイプ 타입, 유형 | 毎日 매일 | 時間 시간 | ~ぐらい ~정도 | かならず 반드시, 꼭 | 練習 연습 | 田舎 시골 | 住む 살다 | 家 집 | 近く 가까운 곳, 근처 | 川 강, 시내 | 流れる 흐르다, 흘러내리다 | 川沿い 강가, 냇가 | 土手 둑 | さくら 벚나무, 벚꽃 | 木 나무 | たくさん 많이 | それで 그래서 | 春 봄 | 咲く (꽃이) 피다 | ピンク色 핑크색, 핑크빛 | 世界 세계, 세상 | ~になる ~이/가 되다 | 秋 가을 | 色とりどり 형형색색 | もみじ 단풍 | きれいだ 예쁘다, 깨끗하다 | 川べ 강변, 냇가 | ~ながら ~(하)면서 | 歌う 노래하다 | ~たりする ~하거나 하다 | 大好きだ 매우 좋아하다 | 興味 흥미, 관심 | なかよく 사이 좋게 | なる 되다 | ~たい ~고 싶다 | どうぞ 아무쪼록, 부디, 어서 | よろしくお願いいたします 잘 부탁드리겠습니다 | いたす 「する (하다)」의 겸손한 표현

## 문형 CHECK

TRACK **005**

### 1. 趣味(しゅみ)は～ことです 취미는 ~(하는) 것입니다

「～は ～ことです」는 '~은/는 ~하는 것입니다'라는 뜻으로 「こと」 앞에는 동사 기본형이 옵니다.

- 趣味は本を読むことです。 취미는 책을 읽는 것입니다.
- 趣味は映画を見ることです。 취미는 영화를 보는 것입니다.
- 趣味は花を育てることです。 취미는 꽃을 키우는 것입니다.
- 趣味は運動することです。 취미는 운동하는 것입니다.
- 趣味はドライブすることです。 취미는 드라이브하는 것입니다.

**WORDS**
読(よ)む 읽다
見(み)る 보다
育(そだ)てる 키우다, 기르다
運動(うんどう)する 운동하다
ドライブする 드라이브하다

TRACK **006**

### 2. ～ている ~하고 있다 [진행, 습관, 반복] / ~어(아) 있다 [상태]

동작의 진행이나 습관, 반복, 상태를 나타내는 표현입니다.

- 今、テレビを見ています。 지금 TV를 보고 있습니다.
- 音楽を聴いている。 음악을 듣고 있다.
- 毎朝、ジョギングをしています。 매일 아침 조깅을 하고 있습니다.
- 父は学校で英語を教えている。
  아버지는 학교에서 영어를 가르치고 있다.
- 眼鏡をかけています。 안경을 쓰고 있습니다.
- ソウルに住んでいます。 서울에 살고 있습니다.
- 妹は母に似ています。 여동생은 엄마를 닮았습니다.
- 車を持っている。 차를 가지고 있다.

**WORDS**
聴(き)く (음악 등을) 듣다
毎朝(まいあさ) 매일 아침
教(おし)える 가르치다
眼鏡(めがね) 안경
かける 걸치다, 쓰다
住(す)む 살다
似(に)る 닮다
持(も)つ 가지다, 들다

음성 듣기

TRACK **007**

## 3  〜ながら ~하면서

「동사 ます형 + ながら」는 두 가지 동작을 동시에 진행할 때 쓰는 표현으로 네 번째 문장처럼 비교적 오랜 시간 동안 병행하는 일에도 사용할 수 있습니다. 3그룹 동사인 「来る」는 동시 동작의 의미로는 잘 쓰지 않습니다.

- 音楽を聴きながら、本を読んでいます。
  음악을 들으면서 책을 읽고 있습니다.

- ピアノを弾きながら、歌っています。
  피아노를 치면서 노래하고 있습니다.

- 景色を見ながら、絵を描いています。
  경치를 보면서 그림을 그리고 있습니다.

- アルバイトをしながら学校に通っています。
  아르바이트를 하면서 학교에 다니고 있습니다.

**WORDS**

歌う 노래하다
景色 경치
絵 그림
描く 그리다 (「えがく」라고도 읽음)
通う 다니다

### 동사 ます형에 「ながら」 연결하기

**1그룹 동사**  어미 う단 → い단 + 「ながら」
- 聴く 듣다 → 聴きながら 들으면서
- 読む 읽다 → 読みながら 읽으면서

**2그룹 동사**  어미 「る」를 떼고 + 「ながら」
- 見る 보다 → 見ながら 보면서
- 食べる 먹다 → 食べながら 먹으면서

**3그룹 동사**  する → し + 「ながら」
- する 하다 → しながら 하면서
- 来る 오다 → 来ながら 오면서(부자연스러움)

## 실력 CHECK

**1** 다음 단어를 어떻게 읽는지 히라가나로 쓰고 뜻도 써 보세요.

> 보기
> 名前　　なまえ　　이름

(1) 田舎

(2) 世界

(3) 住む

(4) 努力

**2** 다음 문장을 완성해 보세요.

(1) 趣味は音楽を_____。
   취미는 음악을 듣는 것입니다.

(2) 教室で本を_____。
   교실에서 책을 읽고 있습니다.

(3) ギターを_____歌っています。
   기타를 치면서 노래하고 있습니다.

(4) ご飯を_____テレビを見ています。
   밥을 먹으면서 TV를 보고 있습니다.

**3** 학습한 표현을 사용하여 자유롭게 답해 보세요.

(1) 趣味は何ですか。 취미는 무엇인가요?

(「〜ことです」를 넣어서)

(2) 休みの日によくしていることは何ですか。 쉬는 날에 자주 하는 것은 무엇인가요?

(「〜しています」를 넣어서)

**4** STORY 본문의 내용을 잘 이해했는지 O, X로 체크해 봅시다.

(1) 글쓴이는 대학교 3학년생이다. O X

(2) 글쓴이의 가족은 네 명이고, 남동생이 한 명 있다. O X

(3) 글쓴이의 취미는 피아노를 치는 것이다. O X

(4) 글쓴이는 시골에서 살고 있다. O X

## 따라 써 보기

　はじめまして。私の名前は佐藤たろうです。大学生で、文学部の3年生です。専攻は国際コミュニケーションです。４人家族で、妹が一人います。

　好きなことは音楽を聴くことで、趣味はギターを弾くことです。コツコツ努力するタイプなので、毎日1時間ぐらいはかならずギターの練習をしています。

　田舎に住んでいるので、家の近くに川が流れています。川沿いの土手にはさくらの木がたくさんあります。それで、春はさくらが咲いてピンク色の世界になります。秋は色とりどりのもみじできれいになります。私は川べでギターを弾きながら、歌ったりするのが大好きです。音楽に興味のある人となかよくなりたいです。どうぞよろしくお願いいたします。

## UNIT 02

# 私の一日
### 나의 하루

### 주요 학습 문형

- **〜前に** ~(하기) 전에
- **〜てから** ~하고 나서, ~한 다음에
- **〜た後(で)** ~한 후에 / **〜の後(で)** ~후에
- **〜たら / 〜と** ~면, ~하면

## STORY 읽기

1 今日は、朝7時に起きました。朝ご飯を食べる前に、顔を洗いました。いつもはご飯とみそ汁を食べますが、ときどきパンを食べることもあります。歯を磨いた後、家を出て学校に行きました。家から駅まで自転車で行って、電車に乗ります。学校までは電車で20分ぐらいかかります。

2 駅に着いたら、歩いて学校まで行きます。それから、授業を受けます。昼ご飯はいつも学食で食べます。学食の「焼きそば」は特においしいです。

3 授業が終わると、バイトです。学校の近くのコンビニでバイトをしています。バイトがない日は友だちとカフェでお茶を飲んだり、カラオケに行って歌を歌ったりしています。

4 今日はいつもより早く家に帰って晩ご飯を食べた後、お風呂に入ってから寝ます。

🔊 음성 듣기

1. 오늘은 아침 7시에 일어났습니다. 아침밥을 먹기 전에 세수를 했습니다. 평소에는 밥과 된장국을 먹지만 가끔 빵을 먹는 경우도 있습니다. 이를 닦은 후, 집을 나와 학교에 갔습니다. 집에서 역까지 자전거로 가서 전철을 탑니다. 학교까지는 전철로 20분 정도 걸립니다.
2. 역에 도착하면 걸어서 학교까지 갑니다. 그리고 수업을 듣습니다. 점심밥은 언제나 학교 식당에서 먹습니다. 학교 식당의 '야키소바'는 특히 맛있습니다.
3. 수업이 끝나면 아르바이트입니다(아르바이트를 합니다). 학교 근처의 편의점에서 아르바이트를 하고 있습니다. 아르바이트가 없는 날에는 친구들과 카페에서 차를 마시거나 노래방에 가서 노래를 부르거나 하고 있습니다.
4. 오늘은 평소보다 일찍 집에 가서 저녁을 먹은 후, 목욕을 하고 나서 잘 겁니다.

### WORDS

TRACK **011**

今日 오늘 | 朝 아침 | 起きる 일어나다 | 朝ご飯 아침밥 | 食べる 먹다 | ~前に ~전에 | 顔 얼굴 | 洗う 씻다, 닦다 | 顔を洗う 세수하다 | いつも 언제나, 항상, 평소 | みそ汁 된장국 | ときどき 가끔, 때때로 | パン 빵 | こと ~일, ~것, ~적, 경우 | 歯 이, 치아 | 磨く 닦다 | ~た後 ~한 후 | 家 집 | 出る 나가다, 나오다 | 学校 학교 | 行く 가다 | ~から ~에서, ~부터 | 駅 역 | ~まで ~까지 | 自転車 자전거 | 電車 전철 | ~に乗る ~을/를 타다 | ぐらい(くらい) 정도 | かかる 걸리다, 소요하다 | 着く 도착하다 | ~たら ~(하)면 | 歩く 걷다 | それから 그리고, 그다음에, 그러고 나서 | 授業 수업 | 受ける 받다 | 昼ご飯 점심밥 | 学食 학교 식당, 학식 | 焼きそば 야키소바(볶음면) | 特に 특히, 특별히 | おいしい 맛있다 | 終わる 끝나다 | ~と ~(하)면 | バイト 아르바이트(「アルバイト」의 줄임말) | 近く 가까운 곳, 근처 | コンビニ 편의점 | ない (사물·식물이) 없다 | 日 날 | 友だち 친구 | カフェ 카페 | お茶 차(음료) | 飲む 마시다 | カラオケ 노래방 | 歌 노래 | 歌う 노래하다 | ~たり(だり) ~たり(だり) ~(하)거나 ~(하)거나 | ~より ~보다 | 早く 빨리 | 帰る 돌아가다, 돌아오다 | 晩ご飯 저녁밥 | お風呂 목욕, 욕실 | 入る 들어가다, 들어오다 | お風呂に入る 목욕하다 | ~てから ~(하)고 나서 | 寝る 자다

## 문형 CHECK

TRACK **012**

### 1 ～前に ~(하기) 전에

어떤 행위를 하기 전에 먼저 무엇을 하는지 나타내는 표현으로 「동사 기본형 + 前に」 형태로 씁니다.

- 旅行に行く前に、天気を調べました。
  여행을 가기 전에 날씨를 알아봤습니다.

- くつを買う前に、はいてみました。
  신발을 사기 전에 신어 봤습니다.

- 寝る前に、本を読みました。
  자기 전에 책을 읽었습니다.

- ご飯を食べる前に、手を洗いましょう。
  밥을 먹기 전에 손을 씻읍시다.

- 来る前に、電話をしてください。
  오기 전에 전화를 해 주세요.

**WORDS**

行く 가다
調べる 알아보다, 조사하다
買う 사다
はく (신을) 신다
寝る 자다
読む 읽다
食べる 먹다
洗う 씻다, 닦다
来る 오다
する 하다

TRACK **013**

### 2 ～てから ~하고 나서, ~한 다음에

어떤 행위의 전후 관계를 나타내는 표현으로 「동사 て형 + から」 형태로 씁니다.

- 本を読んでから、音楽を聴きました。
  책을 읽고 나서 음악을 들었습니다.

- 鍵をかけてから、家を出ます。
  (문을) 잠그고 나서 집을 나섭니다.

- さくらが咲いてから、バラが咲く。
  벚꽃이 피고 난 다음에 장미가 핀다.

- 買い物をしてから、家に帰りましょう。
  쇼핑을 하고 나서 집에 돌아갑시다.

**WORDS**

聴く (음악 등을) 듣다
鍵 열쇠
かける 걸다, 잠그다
出る 나가다, 나오다
咲く (꽃이) 피다
買い物 쇼핑, 장보기
帰る 돌아가다, 돌아오다

🔊 음성 듣기

TRACK **014**

### 3  ～た後(で) ~한 후에 / ～の後(で) ~후에

「～てから ~하고 나서」와 유사한 의미로 「동사 た형 / 동작성 명사 + の」 뒤에 「後(で)」를 연결합니다. 동작성 명사란 뒤에 「する」를 붙이면 동사가 되는 명사를 말합니다. 「食事 식사」, 「会議 회의」, 「旅行 여행」 등과 같은 명사가 이에 해당합니다.

- 本を読んだ後で、質問に答えます。
  책을 읽은 후에 질문에 답합니다.

- この薬はご飯を食べた後、飲んでください。
  이 약은 밥을 드신 후에 복용하세요.

- 運動をした後、シャワーを浴びました。
  운동을 한 후, 샤워를 했습니다.

- 食事の後で、デザートを食べます。
  식사 후에 디저트를 먹습니다.

**WORDS**
答える 대답하다, 답하다
飲む 마시다, (약을) 복용하다
浴びる (물 등을) 뒤집어쓰다

TRACK **015**

### 4  ～たら / ～と ~면, ~하면

「동사 た형 + ら」는 '어떤 동작·행위가 완료되면 무엇을 한다'는 것을 나타내며 「동사 기본형 + と」는 '어떤 조건이 성립하면 필연적으로 이런 일이 일어난다'는 것을 나타냅니다.

- 雨が降ったら試合は中止です。
  비가 오면 시합은 중지입니다.

- パスポートがなかったら早く作ってください。
  여권이 없으면 빨리 만드세요.

- ３月になると春の花が咲き始めます。
  3월이 되면 봄꽃이 피기 시작합니다.

- お金を入れてボタンを押すとコーヒーが出てくる。
  돈을 넣고 버튼을 누르면 커피가 나온다.

**WORDS**
降る (비·눈 등이) 내리다
作る 만들다
始める 시작하다
咲き始める 피기 시작하다
入れる 넣다
押す 누르다, 밀다

UNIT 02 나의 하루   23

## 실력 CHECK

**1** 다음 단어를 어떻게 읽는지 히라가나로 쓰고 뜻도 써 보세요.

> 보기
> 名前 ✎ なまえ    이름

(1) 着く ✎ _____

(2) 電車 ✎ _____

(3) 授業 ✎ _____

(4) 磨く ✎ _____


**2** 다음 문장을 완성해 보세요.

(1) 部屋に入る_____ノックしましょう。
방에 들어가기 전에 노크합시다.

(2) 野菜はよく_____てから食べてください。
채소는 잘 씻고 나서 드세요.

(3) レシピを見た_____料理を作ってみた。
레시피를 본 다음에 요리를 만들어 보았다.

(4) 空港に_____電話をしてください。
공항에 도착하면 전화를 해 주세요.

**3** 학습한 표현을 사용하여 자유롭게 답해 보세요.

(1) 今日は何時に起きて、何をしましたか。 오늘은 몇 시에 일어나서 무엇을 했나요?

(「～前に」,「～てから」,「～た後(で)」 등을 넣어서)

(2) 学校(会社)までは何で行きますか。また、どのぐらいかかりますか。
학교(회사)까지는 무엇으로 가나요? [교통수단] 또 어느 정도 걸리나요? [시간]

(「～で行きます」,「～ぐらいかかります」 등을 넣어서)

**4** STORY 본문의 내용을 잘 이해했는지 O, X로 체크해 봅시다.

(1) 글쓴이는 오늘 아침 7시에 일어났다.　　　　　O　X

(2) 평소에는 주로 아침에 빵을 먹는다.　　　　　O　X

(3) 집에서 전철역까지는 걸어서 간다.　　　　　O　X

(4) 수업이 끝나면 집 근처 편의점에서 아르바이트를 한다.　　　　　O　X

따라 써 보기

今日は、朝7時に起きました。朝ご飯を食べる前に、顔を洗いました。いつもはご飯とみそ汁を食べますが、ときどきパンを食べることもあります。歯を磨いた後、家を出て学校に行きました。家から駅まで自転車で行って、電車に乗ります。学校までは電車で20分ぐらいかかります。

駅に着いたら、歩いて学校まで行きます。それから、授業を受けます。昼ご飯はいつも学食で食べます。学食の「焼きそば」は特においしいです。

授業が終わると、バイトです。学校の近くのコンビニでバイトをしています。バイトがない日は友だちとカフェでお茶を飲んだり、カラオケに行って歌を歌ったりしています。

今日はいつもより早く家に帰って晩ご飯を食べた後、お風呂に入ってから寝ます。

▶영상 보기

# UNIT 03

## 手紙
### てがみ
편지

— 주요 학습 문형 —

- ~に行く ~(하)러 가다
- ~たり ~たりする ~(하)거나 ~(하)거나 하다
- ~たい ~(하)고 싶다

## STORY 읽기

1. お久しぶりです。田中さん。お元気でしたか。だんだん暑くなってきました。

2. 私が留学していた時、田中さんが「花火大会」につれていってくれましたね。あんなに近くで花火を見たのは、生まれて初めてでした。花火を見に行く前に、田中さんが浴衣も着せてくれましたね。浴衣を着るのは初めてだったので、とてもドキドキしました。

3. 近くで一番大きい花火大会なので、人がおおぜいいました。田中さんと一緒に座って、花火を見ながらビールを飲んだり、楽しくおしゃべりをしたりしました。音楽に合わせてドーンドーンと上がった花火はパッと光って大きな輪になった後、落ちてきました。とてもきれいで、すてきでした。

4. 国に帰った今でも、夏になると、どこからか花火の音が聞こえてくるかのようです。また田中さんと花火を見に行きたいです。その日を楽しみにしています。家族のみなさんにもよろしくお伝えください。では、お元気で。

20△△年　△月　△日

음성 듣기

1. 오랜만입니다. 다나카 씨. 잘 지내셨나요? 점점 더워지고 있어요.
2. 제가 유학했었을 때, 다나카 씨가 '불꽃 축제'에 데리고 가 주셨잖아요. 그렇게 가까이서 불꽃놀이를 본 것은 태어나서 처음이었어요. 불꽃놀이를 보러 가기 전에 다나카 씨가 유카타도 입혀 주었죠. 유카타를 입는 것은 처음이었기 때문에 매우 설렜습니다.
3. 근처에서 제일 큰 불꽃 축제여서 사람들이 많이 있었습니다. 다나카 씨와 함께 앉아서 불꽃놀이를 보면서 맥주를 마시거나 즐겁게 수다를 떨거나 했습니다. 음악에 맞춰 '펑펑' 하고 솟구쳐 오른 불꽃은 번쩍하고 빛나며 큰 원이 된 후 떨어져 내렸습니다. 너무 예쁘고 근사했습니다.
4. 고국에 돌아온 지금도 여름이 되면 어디선가 불꽃놀이 소리가 들려오는 것 같습니다. 다시 다나카 씨와 불꽃놀이를 보러 가고 싶습니다. 그날을 기대하고 있겠습니다. 가족분들께도 안부 전해 주세요. 그럼 건강하세요.

20△△년 △월 △일

## WORDS

TRACK **019**

久しぶり 오래간만, 오랜만 | 元気だ 건강하다 | だんだん 점점, 차차 | 暑い 덥다 | ～くなる ~해지다, ~어/아지다 | 留学する 유학하다, 유학 가다 | 花火 불꽃, 불꽃놀이 | 花火大会 불꽃 축제 | つれていく 데리고 가다, 데려가다 | ～てくれる ~해 주다 | あんなに 그렇게, 그토록, 저렇게, 저토록 | 近く 가까운 곳, 근처 | 生まれる 태어나다 | 初めて 처음, 처음으로 | 見に行く 보러 가다 | ～前に ~전에 | 浴衣 유카타(일본 전통 의상의 하나) | 着せる 입히다 | 着る 입다 | ドキドキする 두근두근하다, 설레다 | 一番 가장, 제일 | 大きい 크다 | おおぜい 많은 사람, 여러 사람 | 一緒に 함께, 같이 | 座る 앉다 | ビール 맥주 | 飲む 마시다 | ～たり(だり) ～たり(だり)する ~하거나 ~하거나 하다 | おしゃべりする 수다 떨다, 잡담하다 | 音楽 음악 | 合わせる 맞추다 | ドーン 펑, 쿵 (의성어) | 上がる 오르다, 올라가다 | パッと '확~' 하고 (일시에 사방으로 퍼지거나 순식간에 일어나는 모양) | 光る 빛나다 | 輪 고리, 원형 | ～になる ~이/가 되다, ~해지다 | 落ちる 떨어지다 | きれいだ 예쁘다, 깨끗하다 | すてきだ 멋지다, 근사하다 | 国 나라, 고국, 고향 | 帰る 돌아가다, 돌아오다 | 夏 여름 | ～になると ~이 되면 | どこからか 어디선가 | 音 소리 | 聞こえる 들리다 | ～ようだ ~것 같다 | また 다시, 또 | ～たい ~고 싶다 | 楽しみ 즐거움, 기대 | 楽しみにする 기대하다 | 家族 가족 | みなさん 여러분 | 伝える 전하다

## 문형 CHECK

TRACK 020

### 1 ～に行く ~(하)러 가다

동사 ます형이나 동작성 명사에 「～に行く」를 붙이면 동작의 목적을 나타내는 표현이 됩니다. 「～に行く」 대신 「～に来る」를 쓰면 '~(하)러 오다'라는 뜻이 됩니다.

- レストランにランチを食べに行きましょう。
  레스토랑에 점심을 먹으러 갑시다.

- 一緒に映画を見に行きませんか。
  같이 영화를 보러 가지 않을래요?

- コンビニへ飲み物を買いに行きました。
  편의점에 음료수를 사러 갔습니다.

- 図書館に本を借りに来ました。
  도서관에 책을 빌리러 왔습니다.

- 息子の友だちが遊びに来た。
  아들의 친구가 놀러 왔다.

- 今日は家族とレストランへ食事に行きます。
  오늘은 가족과 레스토랑에 식사하러 갑니다.

- 一人で旅行に行きます。
  혼자서 여행을 갑니다(여행하러 갑니다).

- 明日から一週間、日本へ出張に行きます。
  내일부터 일주일간, 일본에 출장을 갑니다.

- 夏休みの間、毎日アルバイトに行く。
  여름 방학 동안 매일 아르바이트를 간다.

- 今週末、買い物に行こう！
  이번 주말에 쇼핑하러 가자!

**WORDS**

食べる 먹다
行く 가다
一緒に 함께, 같이
見る 보다
飲み物 음료, 마실 것
買う 사다
借りる 빌리다
来る 오다
遊ぶ 놀다
一人で 혼자서
旅行 여행
～から ~부터
一週間 일주일간
～へ ~에, ~으로
出張 출장
夏休み 여름 방학(휴가)
間 ~동안, ~사이
毎日 매일
今週末 이번 주말
買い物 쇼핑, 장보기

TRACK **021**

### 2  〜たり 〜たりする  ~(하)거나 ~(하)거나 하다

두 세가지의 일이나 행위를 나열할 때 쓰는 표현으로 「동사 た형」에 연결합니다.

- 掃除をしたり、洗濯をしたりします。
  청소를 하거나 빨래를 하거나 합니다.

- 夏休みには海で泳いだり、山に登ったりしました。
  여름 방학에는 바다에서 수영하거나 산에 오르거나 했습니다.

- 家にいるよりドライブに行ったり、散歩したりしましょう。
  집에 있기 보다 드라이브하러 가거나 산책하거나 합시다.

- 仕事で韓国と日本を行ったり来たりしています。
  업무로 한국과 일본을 왔다 갔다 하고 있습니다.

**WORDS**

掃除 청소
洗濯 세탁, 빨래
泳ぐ 수영하다, 헤엄치다
登る 오르다, 올라가다
〜より ~보다
散歩する 산책하다
仕事 일, 업무

TRACK **022**

### 3  〜たい  ~(하)고 싶다

말하는 사람의 희망이나 욕구를 나타내는 표현으로 「동사 ます형」에 연결합니다.

- 冬休みにはスキーを習いたいです。
  겨울 방학에는 스키를 배우고 싶습니다.

- また温泉に行きたいです。
  또 온천에 가고 싶습니다.

- 暑いから、アイスクリームが食べたいです。
  더워서 아이스크림을 먹고 싶습니다.

- 彼氏と結婚したい。
  남자 친구와 결혼하고 싶다.

**WORDS**

冬休み 겨울 방학(휴가)
習う 배우다
温泉 온천
暑い 덥다
彼氏 남자 친구
結婚する 결혼하다

## 실력 CHECK

**1** 다음 단어를 어떻게 읽는지 히라가나로 쓰고 뜻도 써 보세요.

> **보기**
> 名前　✏ なまえ　　이름

(1) 手紙　✏ _____　_____

(2) 初めて　✏ _____　_____

(3) 暑い　✏ _____　_____

(4) 光る　✏ _____　_____


**2** 다음 문장을 완성해 보세요.

(1) 一緒に映画を_____ 食事を_____ しました。
　　같이 영화를 보거나 식사를 하거나 했습니다.

(2) 休みの日には友だちが_____ します。
　　쉬는 날에는 친구가 놀러 오거나 합니다.

(3) また、北海道に_____ です。
　　또 훗카이도에 가고 싶습니다.

(4) いろいろな国に_____ です。
　　다양한 나라에 여행하고 싶습니다.

**3**  학습한 표현을 사용하여 자유롭게 답해 보세요.

(1) 土曜日(どようび)は何(なに)をしますか。 토요일은 무엇을 하나요?

(「〜たり 〜たりします」를 넣어서)

(2) 日本(にほん)に旅行(りょこう)したら何(なに)がしたいですか。 일본에 여행한다면 무엇을 하고 싶나요?

(「〜たり 〜たいです」를 넣어서)

**4**  STORY 본문의 내용을 잘 이해했는지 O, X로 체크해 봅시다.

(1) 일본 여행 때, 다나카 씨와 불꽃놀이를 구경했다.   O  X

(2) 글쓴이는 일본 불꽃 축제 때 유카타를 처음 입어 봤다.   O  X

(3) 마을에서 작게 열리는 축제여서 사람이 적었다.   O  X

(4) 불꽃놀이를 보면서 맥주를 마시며 수다를 떨었다.   O  X

따라 써 보기

　お久しぶりです。田中さん。お元気でしたか。だんだん暑くなってきました。

　私が留学していた時、田中さんが「花火大会」につれていってくれましたね。あんなに近くで花火を見たのは、生まれて初めてでした。花火を見に行く前に、田中さんが浴衣も着せてくれましたね。浴衣を着るのは初めてだったので、とてもドキドキしました。

　近くで一番大きい花火大会なので、人がおおぜいいました。田中さんと一緒に座って、花火を見ながらビールを飲んだり、楽しくおしゃべりをしたりしました。音楽に合わせてドーンドーンと上がった花火はパッと光って大きな輪になった後、落ちてきました。とてもきれいで、すてきでした。

　国に帰った今でも、夏になると、どこからか花火の音が聞こえてくるかのようです。また田中さんと花火を見に行きたいです。その日を楽しみにしています。家族のみなさんにもよろしくお伝えください。では、お元気で。

▶영상 보기

UNIT
04

かぜ
風邪

감기

— 주요 학습 문형 —

- ～てしまう ~해 버리다, ~하고 말다
- ～てくれる ~해 주다
- ～てくる ~하고 오다, ~해 오다, ~하기 시작하다

## STORY 읽기

1 小学生の時、『先生、風邪はどうして「かかる」より、「引く」を使うことが多いんですか。』と聞いたことがあります。

2 「病気にかかる」、「インフルエンザにかかる」と言うのに、どうして「風邪」は「風邪を引く」と言うのでしょうか。

3 大昔、中国では「風」は大気の動きでもあるが、人間に大きな影響をあたえる存在だと思っていたそうです。それで、どこからか吹いてきた風が悪い気運を運んでくると人はその悪い気運を体の中に引き込んでしまい、「風邪」という病気にかかると考えました。

4 それで、今でも「風邪を引く」と言うようになったと先生が話してくれました。大人になった今、私の質問にやさしく答えてくれた先生にもう一度会いたいです。

음성 듣기

1. 초등학생 때 "선생님 감기는 왜 「かかる」보다 「引く」를 쓰는 경우가 많은 거예요?"라고 물은 적이 있습니다.
2. '병에 걸리다(かかる)', '독감에 걸리다(かかる)'라고 하는데, 왜 '감기'는 '감기에 걸린다(引く)'라고 하는 것일까요?
3. 아주 먼 옛날, 중국에서는 '바람'은 대기의 움직임이기도 하지만, 인간에게 큰 영향을 주는 존재라고 생각했다고 합니다. 그래서 어디선가 불어온 바람이 나쁜 기운을 몰고 오면 사람은 그 나쁜 기운을 몸속으로 끌어들이고 말아 '감기'라는 병에 걸린다고 생각했습니다.
4. 그래서 지금도 '감기에 걸리다(끌어들이다)'라고 말하게 되었다고 선생님께서 말씀해 주셨습니다. 어른이 된 지금, 제 질문에 친절하게 대답해 주신 선생님을 다시 한번 만나고 싶습니다.

## WORDS

TRACK **026**

小学生 초등학생 | 時 때 | 先生 선생님 | 風邪 감기 | どうして 어째서 | かかる 걸리다 | より ~보다 | 引く 끌어당기다, 끌어들이다 | 使う 쓰다, 사용하다 | こと 일, 것, 경우 | 多い 많다 | 病気 병, 질병 | インフルエンザ 인플루엔자, 독감 | ~と言う ~라고 (말)하다 | 大昔 아주 먼 옛날 | 中国 중국 | 風 바람 | 大気 대기 | 動き 움직임 | ~でもある ~(이)기도 하다 | 人間 인간 | 大きな 큰(추상·무형 명사를 수식) | 影響 영향 | あたえる 주다 | 存在 존재 | 思う 생각하다 | ~そうだ ~라고 한다 | それで 그래서 | どこからか 어디선가 | 吹く (바람이) 불다 | ~てくる ~(해) 오다 | 悪い 나쁘다 | 気運 기운 | 運ぶ 나르다, 운반하다 | 体 몸 | 中 속, 안 | 引き込む 끌어오다, 끌어들이다 | ~て(で)しまう ~해 버리다, ~하고 말다 | ~という ~라는, ~라고 하는 | 考える 생각하다 | 今でも 지금(현재)도 | ~ようになる ~(하)게 되다 | 話す 말하다, 이야기하다 | ~てくれる ~해 주다 | 大人 어른, 성인 | 質問 질문 | やさしい 상냥하다, 친절하다 | 答える 답하다, 대답하다 | もう一度 다시 한번 | 会う 만나다 | ~たい ~(하)고 싶다

## 문형 CHECK

TRACK **027**

### 1. ～てしまう ~해 버리다, ~하고 말다

문맥에 따라 유감이나 후회를 나타내거나 '전부 끝내다'라는 완료를 나타내며, 동사 て형에 연결합니다.

- パスワードを忘れてしまいました。
  비밀번호를 잊어버렸습니다.

- テストがあるのに、遊んでしまいました。
  시험이 있는데, 놀고 말았습니다.

- 早く宿題をやってしまいましょう。
  빨리 숙제를 해치워 버립시다.

- この本のシリーズは1日で全部読んでしまった。
  이 책의 시리즈는 하루에 전부 읽어 버렸다.

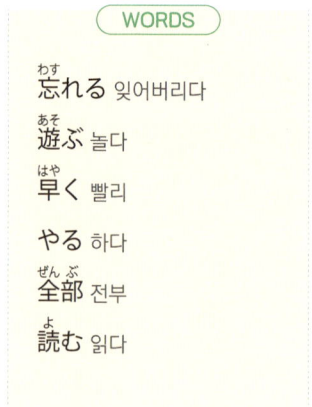

**WORDS**
忘れる 잊어버리다
遊ぶ 놀다
早く 빨리
やる 하다
全部 전부
読む 읽다

TRACK **028**

### 2. ～てくれる ~해 주다

다른 사람이 자신이나 자신과 가까운 사람에게 무언가를 해 줄 때 사용하는 표현입니다.

- 祖母は私を育ててくれました。
  할머니는 저를 키워 주셨습니다.

- 木村さんは私に歌を歌ってくれた。
  기무라 씨는 내게 노래를 불러 주었다.

- 佐藤さんは私の息子と遊んでくれました。
  사토 씨는 제 아들과 놀아 주었습니다.

- 先輩がパソコンを直してくれた。
  선배가 컴퓨터를 고쳐 주었다.

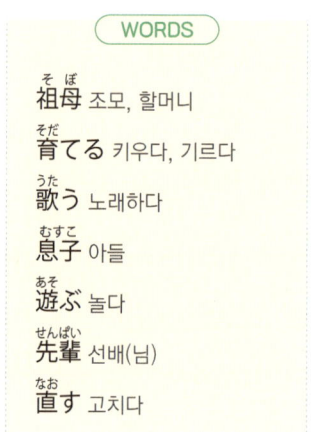

**WORDS**
祖母 조모, 할머니
育てる 키우다, 기르다
歌う 노래하다
息子 아들
遊ぶ 놀다
先輩 선배(님)
直す 고치다

🔊 음성 듣기

TRACK 029

## 3  ～てくる ~하고 오다, ~해 오다, ~하기 시작하다

'무엇인가를 하고 돌아오다', '지속적으로 해 오다', '이쪽으로 접근해 오다', '무엇인가 변화가 나타나기 시작하다' 등 다양한 의미가 있는 표현입니다.

- ちょっと手を洗ってきます。
  잠깐 손을 씻고 오겠습니다.

- 来る前に、書類をもらってきてください。
  오기 전에 서류를 받아 와 주세요(받아 오세요).

- ずっと一人で頑張ってきました。
  계속 혼자서 분발해 왔습니다.

- 電話がかかってきました。
  전화가 걸려 왔습니다.

- 家から歩いてきました。
  집에서 걸어왔습니다.

- だんだん寒くなってきました。
  점점 추워지기 시작했습니다(추워졌습니다).

- 眠くなってきました。
  졸리기 시작했습니다.

- 運動したので汗が出てきました。
  운동해서 땀이 나기 시작했습니다.

- 家を出てから雨が降ってきた。
  집을 나오고 나서부터 비가 오기 시작했다.

- 遠くに飛行機が見えてきました。
  멀리 비행기가 보이기 시작했습니다.

**WORDS**

ちょっと 좀, 잠깐
洗う 씻다, 빨다
来る 오다
書類 서류
もらう 받다
ずっと 쭉, 줄곧, 계속
頑張る 분발하다
かかる 걸리다
歩く 걷다
だんだん 점점, 차차
寒い 춥다
～くなる ~해지다
眠い 졸리다
運動する 운동하다
汗 땀
出る 나가다, 나오다
降る (비·눈 등이) 내리다
遠くに 멀리
飛行機 비행기
見える 보이다

UNIT 04 감기

## 실력 CHECK

**1** 다음 단어를 어떻게 읽는지 히라가나로 쓰고 뜻도 써 보세요.

> 보기
> 名前 ✎ なまえ   이름

(1) 風 ✎ _____   _____

(2) 風邪 ✎ _____   _____

(3) 動き ✎ _____   _____

(4) 考える ✎ _____   _____

**2** 다음 문장을 완성해 보세요.

(1) 宿題を_____ました。
숙제를 까먹고(잊어버리고) 말았습니다.

(2) 母は私にネクタイを_____。
어머니는 나에게 넥타이를 사 주었습니다.

(3) 彼はいつもここで私を_____。
그는 언제나 여기서 나를 기다려 줍니다. (待つ 기다리다)

(4) ちょっと家に_____きます。
잠깐 집에 전화하고 오겠습니다.

**3** 학습한 표현을 사용하여 자유롭게 답해 보세요.

(1) 最近、嬉しかったことはありますか。 최근에 기뻤던 적은 있습니까?

(2)「どこに行きますか」と聞かれたらどう答えますか。
'어디에 가세요?'라고 (누가) 묻는다면 어떻게 대답하겠습니까?

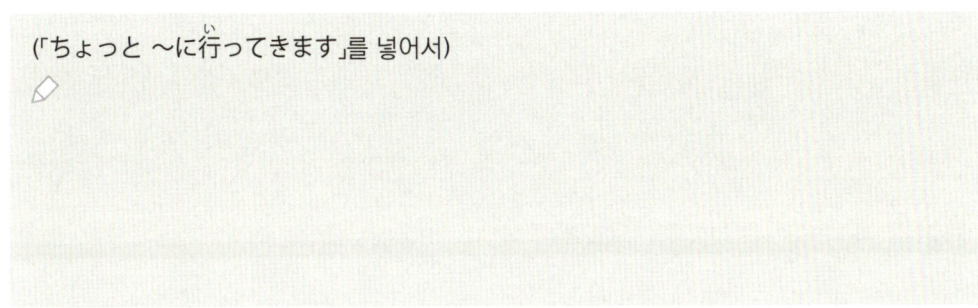

**4** STORY 본문의 내용을 잘 이해했는지 ◯, ✕로 체크해 봅시다.

(1) '감기에 걸리다'라고 할 때, 동사「かかる」보다「ひく」를 많이 쓴다.   ◯ ✕

(2) '병에 걸리다', '독감에 걸리다'라고 할 때는 동사「ひく」를 쓴다.   ◯ ✕

(3) '감기'와 '바람'은 일본어로 동일하게 발음한다.   ◯ ✕

(4) 옛날 중국에서는 감기를, '바람이 나쁜 기운을 몸속으로 끌어들여 생기는 병'이라고 생각했다.   ◯ ✕

따라 써 보기

　小学生の時、『先生、風邪はどうして「かかる」より、「引く」を使うことが多いんですか。』と聞いたことがあります。

　「病気にかかる」、「インフルエンザにかかる」と言うのに、どうして「風邪」は「風邪を引く」と言うのでしょうか。

　大昔、中国では「風」は大気の動きでもあるが、人間に大きな影響をあたえる存在だと思っていたそうです。それで、どこからか吹いてきた風が悪い気運を運んでくると人はその悪い気運を体の中に引き込んでしまい、「風邪」という病気にかかると考えました。

　それで、今でも「風邪を引く」と言うようになったと先生が話してくれました。大人になった今、私の質問にやさしく答えてくれた先生にもう一度会いたいです。

## UNIT 05

# お好み焼き
###### この　　や

오코노미야키

---

**주요 학습 문형**

- **〜と 〜と どちら** ~와 ~중 어느 쪽
- **〜方** ~하는 법, ~하는 방법
###### かた
- **〜てみる** ~해 보다

## STORY 읽기

1 先日、友だちと一緒にお好み焼きパーティーをしました。友だちに「広島焼き」と「大阪焼き」とどちらにするか聞かれて、びっくりしました。

2 私はお好み焼きは全部同じだと思っていましたが、地域によって少し違うそうです。

3 お好み焼きには大きく「広島焼き」と「大阪焼き」があります。材料にキャベツやネギ、肉やイカ、かつおぶしなどを使うのは似ていますが、作り方は違います。

4 「広島焼き」は初めに生地を鉄板に広く薄くのばして軽く焼きます。その上に細長く切ったキャベツをのせて、モヤシやベーコンなどの具をのせてからひっくりかえしてよく焼きます。よく焼きあがったら、もう一度ひっくりかえしてソースをかけた後、かつおぶしをのせて、できあがりです。

5 「大阪焼き」はボールの中に短く切ったキャベツやイカやネギなどの好みの材料を全部入れて生地と一緒にまぜてから、鉄板の上に広くのばして焼きます。ソースをかけて、かつおぶしをのせるのは同じです。

6 友だちとお好み焼きの話でもりあがり、パーティーがもっと楽しくなりました。どちらの作り方も簡単でおいしいので、また作ってみたいと思います。

1 얼마 전에 친구와 함께 오코노미야키 파티를 했습니다. 친구가 '히로시마야키'와 '오사카야키' 중 어느 것으로 할지 물어봐서 놀랐습니다.
2 저는 오코노미야키는 전부 같다고 생각했습니다만, 지역에 따라 조금 다르다고 합니다.
3 오코노미야키에는 크게 '히로시마야키'와 '오사카야키'가 있습니다. 재료로 양배추와 파, 고기와 오징어, 가쓰오부시 등을 사용하는 것은 비슷하지만 만드는 방법은 다릅니다.
4 '히로시마야키'는 처음에 반죽을 철판에 넓고 얇게 펴서 가볍게(살짝) 굽습니다. 그 위에 가늘고 길게 자른 양배추를 올리고 숙주나 베이컨 등의 재료를 올린 후 뒤집어서 잘 굽습니다. 잘 구워지면 다시 한 번 뒤집어서 소스를 뿌린 후, 가쓰오부시를 얹어 완성합니다.
5 '오사카야키'는 볼 안에 짧게 자른 양배추와 오징어와 파 등 좋아하는(취향의) 재료를 전부 넣고 반죽과 함께 섞은 다음에 철판 위에 넓게 펴서 굽습니다. 소스를 뿌리고, 가쓰오부시를 올리는 것은 동일합니다.
6 친구들과 오코노미야키 이야기로 분위기가 무르익어 파티가 더 즐거워졌습니다. 어느 방법이나 모두 간단하고 맛있기 때문에 또 만들어 보고 싶습니다.

### WORDS　　　TRACK 033

先日 일전, 얼마 전 | 一緒に 함께, 같이 | お好み焼き 오코노미야키 | パーティー 파티 | 焼き 구이 | どちら 어느 쪽 | 聞く 듣다, 묻다 | びっくりする 깜짝 놀라다 | 全部 전부, 모두 | 同じだ 같다, 동일하다 | 思う 생각하다 | 地域 지역 | ~によって ~에 따라(의해) | 少し 조금 | 違う 다르다 | ~そうだ ~라고 한다 | 材料 재료 | キャベツ 양배추 | ネギ 파 | 肉 고기 | イカ 오징어 | かつおぶし 가쓰오부시(가다랑어포) | 使う 쓰다, 사용하다 | 似る 닮다, 비슷하다 | 作り方 만드는 방법 | 初めに 처음에 | 生地 반죽 | 鉄板 철판 | 広い 넓다 | 薄い 얇다, (밀도가) 적다 | のばす 평평하게 펴다 | 軽い 가볍다 | 焼く 굽다 | 上 위 | 細長い 가늘고 길다 | 切る 자르다 | のせる 위에 놓다, 올리다, 얹다 | モヤシ 콩나물, 숙주나물 | ベーコン 베이컨 | 具 건더기, 재료 | ひっくりかえす 뒤집다 | 焼きあがる 잘 구워지다 | ~たら ~(하)면 | もう一度 다시 한번 | ソース 소스 | かける 뿌리다, 끼얹다, 치다 | ~た後 ~한 후 | できあがり 완성(됨) | ボール 볼(식기) | 短い 짧다 | 好み 좋아함, 기호, 취향 | 入れる 넣다 | まぜる 섞다 | ~てから ~(하)고 나서 | もりあがる 고조되다, 무르익다 | もっと 더욱, 좀 더 | 楽しい 즐겁다 | 簡単だ 간단하다, 쉽다 | おいしい 맛있다 | 作る 만들다 | ~てみる ~해 보다 | ~たい ~(하)고 싶다

## 문형 CHECK

TRACK **034**

### 1 ～と～とどちら ~와 ~중 어느 쪽

두 개의 사물이나 사항을 두고 비교하면서 질문할 때 사용하는 표현입니다.

- **A** お茶とコーヒーとどちらにしますか。
  차와 커피 중 어느 것으로 하시겠습니까?

  **B** ① コーヒーにします。
  커피로 하겠습니다.

  ② どちらでもいいです。
  어느 쪽이든 좋습니다.

- **A** リンゴとバナナとどちらが好きですか。
  사과와 바나나 중 어느 것을 좋아합니까?

  **B** ① リンゴのほうが好きです。
  사과 쪽을 좋아합니다(사과를 더 좋아합니다).

  ② リンゴのほうがバナナより好きです。
  사과 쪽을 바나나보다 좋아합니다.

  ③ どちらも好きです。
  어느 쪽이든 좋아합니다(둘 다 좋아합니다).

- **A** コンビニとスーパーとどちらが家から近いですか。
  편의점과 슈퍼마켓 중 어느 쪽이 집에서 가깝나요?

  **B** ① コンビニのほうが近いです。
  편의점이 더 가까워요.

  ② どちらも遠いです。
  둘 다 멀어요.

**WORDS**

どちら 어느 쪽, 어느 것
～にする ~으로 하다
～ほう ~쪽
～が好きだ ~을/를 좋아하다
～より ~보다
近い 가깝다
遠い 멀다

TRACK 035

## 2 〜方 ~하는 법, ~하는 방법

「동사 ます형 + 方」로 활용하는 표현입니다.

- ゲームの遊び方がわかりません。
  게임하는 방법을 모르겠어요.

- この漢字の書き方を教えてください。
  이 한자 쓰는 법을 가르쳐 주세요.

- 今回はチャーハンの作り方を紹介します。
  이번에는 볶음밥 만드는 법을 소개하겠습니다.

- 着物の着方はとても難しいです。
  기모노 입는 방법은 매우 어렵습니다.

- 練習のし方は人によって違います。
  연습 방법(연습하는 방법)은 사람에 따라 다릅니다.

**WORDS**

遊ぶ 놀다
わかる 알다
書く 쓰다, 적다
教える 가르치다
紹介する 소개하다
着る 입다
難しい 어렵다
〜によって ~에 따라
違う 다르다

TRACK 036

## 3 〜てみる ~해 보다

무엇인가를 시험 삼아 하거나 시도할 때 쓰는 표현입니다.

- 新しいボールペンを使ってみました。
  새 볼펜을 사용해 봤습니다.

- 一人で旅行に行ってみたいと思います。
  혼자서 여행을 가 보고 싶습니다.

- 大阪でお好み焼きを食べてみたいです。
  오사카에서 오코노미야키를 먹어 보고 싶습니다.

- 一度、彼の話を聞いてみたかった。
  한번, 그의 이야기를 들어 보고 싶었다.

**WORDS**

新しい 새롭다
使う 쓰다, 사용하다
一人で 혼자, 혼자서
行く 가다
食べる 먹다
一度 한번, 한 번
聞く 듣다, 묻다

## 실력 CHECK

**1** 다음 단어를 어떻게 읽는지 히라가나로 쓰고 뜻도 써 보세요.

> 보기
> 名前    なまえ    이름

(1) 地域    _____    _____

(2) 違う    _____    _____

(3) 細長い    _____    _____

(4) 薄い    _____    _____


**2** 다음 문장을 완성해 보세요.

(1) ぜひ一度旅行に_____です。
꼭 한번 여행을 가 보고 싶습니다.

(2) 新幹線に_____と思っていました。
신칸센을 타 보고 싶다고 생각하고 있었습니다. (~に乗る ~을/를 타다)

(3) 電車とバスと_____速いですか。
전철과 버스 중 어느 쪽이 빠릅니까?

(4) 春と秋と_____。
봄과 가을 중 어느 쪽을 좋아합니까?

**3** 학습한 표현을 사용하여 자유롭게 답해 보세요.

(1) 日本語の漢字は何が難しいですか。 일본어 한자는 무엇이 어렵습니까?

(「〜が難しいです」를 넣어서)

(2) 海外旅行はどこに行って何がしたいですか。 해외여행은 어디로 가서 무엇을 하고 싶나요?

(「〜てみたいです」를 넣어서)

**4** STORY 본문의 내용을 잘 이해했는지 O, ✗로 체크해 봅시다.

(1) 오코노미야키는 크게 '히로시마야키'와 '오사카야키'가 있다.    O   ✗

(2) '히로시마야키'와 '오사카야키'는 재료와 만드는 법이 전혀 다르다.    O   ✗

(3) '히로시마야키'는 재료와 반죽을 모두 함께 섞은 후에 굽는다.    O   ✗

(4) 오코노미야키가 구워지면 마지막에 소스를 뿌리고 가쓰오부시를 올린다.    O   ✗

따라 써 보기

　先日、友だちと一緒にお好み焼きパーティーをしました。友だちに「広島焼き」と「大阪焼き」とどちらにするか聞かれて、びっくりしました。

　私はお好み焼きは全部同じだと思っていましたが、地域によって少し違うそうです。お好み焼きには大きく「広島焼き」と「大阪焼き」があります。材料にキャベツやネギ、肉やイカ、かつおぶしなどを使うのは似ていますが、作り方は違います。

　「広島焼き」は初めに生地を鉄板に広く薄くのばして軽く焼きます。その上に細長く切ったキャベツをのせて、モヤシやベーコンなどの具をのせてからひっくりかえしてよく焼きます。よく焼きあがったら、もう一度ひっくりかえしてソースをかけた後、かつおぶしをのせて、できあがりです。

　「大阪焼き」はボールの中に短く切ったキャベツやイカやネギなどの好みの材料を全部入れて生地と一緒にまぜてから、鉄板の上に広くのばして焼きます。ソースをかけて、かつおぶしをのせるのは同じです。

　友だちとお好み焼きの話でもりあがり、パーティーがもっと楽しくなりました。どちらの作り方も簡単でおいしいので、また作ってみたいと思います。

▶영상보기

## UNIT 06

# キツネとタヌキ

여우와 너구리

**주요 학습 문형**

- ～ようだ ~같다 / ～ような ~같은 / ～ように ~같이, ~처럼
- ～になる / ～くなる ~이 되다, ~해지다, ~어(아)지다
- ～ようになる ~(하)게 되다

## STORY 읽기

1. 私は好き嫌いがありません。食べ物なら何でも好きです。ご飯の上に魚や貝などをのせた「すし」、シンプルにご飯だけをにぎって作った「おにぎり」、かつおぶしがおどっているように見える「お好み焼き」、まるくてかわいいけど、中はとても熱くてびっくりする「たこやき」など、全部おいしくて大好きです。

2. でも、私の大好物は何といっても「うどん」です。いろいろなうどんの中で「たぬきうどん」と「きつねうどん」があります。「たぬきうどん」と「きつねうどん」には動物のタヌキやキツネは入っていません。ではどうしてそのような名前になったのでしょうか。それについては、いろいろな話があります。

3. 「天ぷら」のタネ、例えば野菜や魚貝などを入れない揚げ物を「タネヌキ」といいますが、この言葉がだんだん「タヌキ」に変わり、うどんの中に天かすや揚げ玉が入ったものを「たぬきうどん」と呼ぶようになったという話がよく知られています。

4. 「きつねうどん」はその名前通り、動物の「キツネ」と関係があります。日本では古くから神の使いであるキツネを大切にしていましたが、そのキツネの好物が油揚げだと考えていました。それで、うどんに油揚げをのせたものを「きつねうどん」と呼ぶようになったと言われているのです。

🔊 음성 듣기

1 저는 호불호가 없습니다. 음식이라면 무엇이든지 좋아합니다. 밥 위에 생선이나 조개 등을 얹은 '초밥', 간단하게 밥만을 쥐어서 만든 '주먹밥', 가쓰오부시가 춤추는 것처럼 보이는 '오코노미야키', 동그랗고 귀엽지만 안은 매우 뜨거워서 깜짝 놀라는 '다코야키' 등, 모두 맛있어서 정말 좋아합니다.

2 하지만 제가 가장 좋아하는 음식은 뭐니 뭐니 해도 '우동'입니다. 여러 가지 우동 중에서 '다누키(너구리) 우동'과 '기쓰네(여우) 우동'이 있습니다. '다누키 우동'과 '기쓰네 우동'에는 동물인 너구리나 여우는 들어 있지 않습니다. 그럼 왜 그와 같은 이름이 되었을까요? 그것에 대해서는 여러 가지 이야기가 있습니다.

3 '튀김'의 '재료', 예를 들면 채소나 어패류 등을 넣지 않은 튀김을 '다네누키'라고 하는데, 이 말이 점점 '다누키'로 변하면서 우동 안에 튀김 찌꺼기나 튀김 부스러기가 들어간 것을 '다누키 우동'이라고 부르게 되었다는 이야기가 잘 알려져 있습니다.

4 '기쓰네 우동'은 이름 그대로 동물인 '여우'와 관련이 있습니다. 일본에서는 예로부터 신의 사자(심부름하는 자)인 여우를 소중히 여겼는데, 그 여우가 좋아하는 것이 유부라고 생각했습니다. 그래서 우동에 유부를 얹은 것을 '기쓰네 우동'이라고 부르게 되었다고 알려져 있는 것입니다.

## WORDS  TRACK **040**

好き嫌い 호불호(좋아하고 싫어함) | 食べ物 음식(물), 먹거리 | 何でも 무엇이든지 | ご飯 밥 | 魚 생선, 물고기 | 貝 조개 | のせる 올리다, 얹다 | すし 초밥 | シンプルだ 심플하다, 간단하다 | ~だけ ~만, 만큼 | にぎる 쥐다, 잡다 | 作る 만들다 | おにぎり 주먹밥 | かつおぶし 가쓰오부시(가다랑어포) | おどる 춤추다 | ~ように ~것처럼 | 見える 보이다 | お好み焼き 오코노미야키 | まるい 둥글다 | かわいい 귀엽다 | ~けど ~지만 | 中 속, 안 | 熱い 뜨겁다 | びっくりする 깜짝 놀라다 | たこやき 다코야키 | 全部 전부, 모두 | 大好物 매우 좋아하는 음식 | 何といっても 뭐니 뭐니 해도 | うどん 우동 | いろいろな 여러 가지(의) | 動物 동물 | タヌキ 너구리 | キツネ 여우 | 入る 들어가다, 들어오다 | どうして 어째서, 왜 | そのような 그와 같은 | 名前 이름 | ~については ~에 대해서는 | 話 이야기 | 天ぷら 튀김 | タネ 종자, 재료 | 例えば 예를 들면 | 野菜 야채, 채소 | 魚貝 어패류 | 入れる 넣다, 집어넣다 | 揚げ物 튀김 | 言葉 말, 언어 | だんだん 점점, 차차 | 変わる 변하다, 바뀌다 | 天かす 튀김 찌꺼기 | 揚げ玉 튀김 부스러기 | 呼ぶ 부르다, 소리 내어 부르다 | ~ようになる ~(하)게 되다 | ~という ~라고 하는 | よく 잘, 자주 | 知る 알다 | ~通り ~대로 | 関係 관계, 관련 | 古くから 예로부터, 오래 전부터 | 神 신 | 使い 사자(使者), 심부름하는 자 | 大切だ 소중하다 | 好物 좋아하는 것(음식) | 油揚げ 유부(두부를 기름에 튀긴 것) | 考える 생각하다 | 言われる 일컬어지다

## 문형 CHECK

TRACK 041

### 1. ～ようだ ~같다 / ～ような ~같은 / ～ように ~같이, ~처럼

'~한/할 것 같다'라고 추측할 때 사용하며, 무엇인가에 비유를 하거나 실제로는 그렇지 않은데 마치 그런 것 같다고 할 때도 씁니다.

- 肌の色が白くて、まるで雪のようです。
  피부색이 하얘서 마치 눈 같습니다.

- まだ5月なのに朝から暑くて真夏のようです。
  아직 5월인데도 아침부터 더워서 한여름 같습니다.

- 雨が降ったようです。
  비가 내린 것 같습니다.

- 授業が始まったようです。
  수업이 시작된 것 같습니다.

- この牛乳、くさったようです。変な匂いがします。
  이 우유, 상한 것 같습니다. 이상한 냄새가 납니다.

- 例えば、ニューヨークのような都会に行ってみたいです。
  예를 들면 뉴욕 같은 도시에 가 보고 싶습니다.

- 昼食はサンドイッチのような簡単なものにします。
  점심은 샌드위치와 같은 간단한 것으로 합니다(하겠습니다).

- このような場合は料金がかかります。
  이와 같은 경우는 요금이 듭니다(부과됩니다).

- ビールをまるで水のように飲んでいます。
  맥주를 마치 물처럼 마시고 있습니다.

- 父はまるで子どものように楽しく笑っていた。
  아버지는 마치 어린아이처럼 즐겁게 웃고 있었다.

- 次のように書きなさい。
  다음과 같이 쓰시오.

### WORDS

- 肌 피부, 살
- まるで 마치
- 真夏 한여름
- 降る (비·눈 등이) 내리다
- 始まる 시작되다
- くさる 썩다, 상하다
- 変だ 이상하다
- 匂い 냄새
- 匂いがする 냄새가 나다
- 例えば 예를 들면
- 都会 도회지, 도시
- 行く 가다
- ～たい ~(하)고 싶다
- 昼食 점심(밥)
- 簡単だ 간단하다
- 場合 경우
- かかる 들다, 소요되다
- 飲む 마시다
- 楽しい 즐겁다
- 笑う 웃다
- 次 다음
- 書く 쓰다, 적다

TRACK **042**

### 2  〜になる / 〜くなる  ~이 되다, ~해지다, ~어(아)지다

「명사, な형용사 + になる」 또는 「い형용사 + くなる」의 형태로 쓰면 변화를 나타내는 표현이 됩니다.

- 春になりました。 봄이 되었습니다.

- 今年20歳になりました。 올해 스무 살이 되었습니다.

- 有名になりました。 유명해졌습니다.

- よく休んだから元気になりました。 잘 쉬었기 때문에 건강해졌습니다.

- お酒を飲んで顔が赤くなった。 술을 마셔서 얼굴이 붉어졌다.

**WORDS**

なる 되다
今年 올해, 금년
有名だ 유명하다
休む 쉬다
元気だ 건강하다
赤い 붉다, 빨갛다

TRACK **043**

### 3  〜ようになる  ~(하)게 되다

「동사 + ようになる」는 '어떤 것을 하게 되다'라는 의미인데, 동사 가능형과 함께 쓰면 '~(할) 수 있게 되다'라는 표현이 됩니다. 이때 '~을/를 할 수 있다'에서 '~을/를'에 해당하는 조사는 「を」가 아닌 「が」를 씁니다. (가능형 150p 참고)

- 自転車に乗れるようになりました。
  자전거를 탈 수 있게 되었습니다.

- 日本語が話せるようになりました。
  일본어를 할 수 있게 되었습니다.

- 言葉の意味がわかるようになった。
  말의 의미를 알게 되었다.

- 最近、納豆が食べられるようになった。
  최근에 낫토를 먹을 수 있게 되었다.

- 毎朝、運動するようになりました。
  매일 아침 운동하게 되었습니다.

**WORDS**

〜に乗る ~을/를 타다
話す 말하다, 이야기하다
わかる 알다, 이해하다
最近 최근(에), 요즘
毎朝 매일 아침
食べる 먹다
運動する 운동하다

UNIT 06 여우와 너구리  55

## 실력 CHECK

**1** 다음 단어를 어떻게 읽는지 히라가나로 쓰고 뜻도 써 보세요.

> 보기
> 名前    なまえ    이름

(1) 大好物   _____   _____

(2) 入る    _____   _____

(3) 言葉    _____   _____

(4) 好き嫌い  _____   _____


**2** 다음 문장을 완성해 보세요.

(1) 顔(かお)がりんごの_____赤(あか)くなりました。
　　얼굴이 사과 같이 붉어졌습니다.

(2) お好(この)み焼(や)きが作(つく)れる_____。
　　오코노미야키를 만들 수 있게 되었습니다.

(3) 雪(ゆき)が_____です。
　　눈이 내린 것 같습니다.

(4) 例(たと)えば、ねこの_____動物(どうぶつ)が好(す)きです。
　　예를 들면, 고양이 같은 동물을 좋아합니다.

**3** 학습한 표현을 사용하여 자유롭게 답해 보세요.

(1) どんな言葉が入りますか。適切な表現を書いてみてください。
어떤 말이 들어갈까요? 적절한 표현을 써 보세요.

これは_____のように固いです。 이것은 ~처럼 딱딱합니다.

その山は_____のように高いです。 그 산은 ~처럼 높습니다.

あの人は_____のようにきれいです。 저 사람은 ~처럼 예쁩니다.

(2) 日本語を勉強してどうなりましたか。何が変わりましたか。
일본어를 배워서 어떻게 되었습니까? 무엇이 달라졌나요?

(「～ようになりました」를 넣어서)

**4** STORY 본문의 내용을 잘 이해했는지 ◯, ✕로 체크해 봅시다.

(1) 글쓴이가 음식 중에 제일 좋아하는 음식은 초밥이다. ◯ ✕

(2) 오니기리는 밥을 쥐어서 만드는 음식이다. ◯ ✕

(3) 우동 안에 튀김 부스러기가 들어간 것이 다누키 우동이다. ◯ ✕

(4) 다누키 우동, 기쓰네 우동 이름의 유래는 모두 동물과 관련 있다. ◯ ✕

私は好き嫌いがありません。食べ物なら何でも好きです。ご飯の上に魚や貝などをのせた「すし」、シンプルにご飯だけをにぎって作った「おにぎり」、かつおぶしがおどっているように見える「お好み焼き」、まるくてかわいいけど、中はとても熱くてびっくりする「たこやき」など、全部おいしくて大好きです。

でも、私の大好物は何といっても「うどん」です。いろいろなうどんの中で「たぬきうどん」と「きつねうどん」があります。「たぬきうどん」と「きつねうどん」には動物のタヌキやキツネは入っていません。ではどうしてそのような名前になったのでしょうか。それについては、いろいろな話があります。

「天ぷら」のタネ、例えば野菜や魚貝などを入れない揚げ物を「タネヌキ」といいますが、この言葉がだんだん「タヌキ」に変わり、うどんの中に天かすや揚げ玉が入ったものを「たぬきうどん」と呼ぶようになったという話がく知られています。

「きつねうどん」はその名前通り、動物の「キツネ」と関係があります。日本では古くから神の使いであるキツネを大切にしていましたが、そのキツネの好物が油揚げだと考えていました。それで、うどんに油揚げをのせたものを「きつねうどん」と呼ぶようになったと言われているのです。

▶영상 보기

## UNIT 07

# え？
# 英語じゃない？

어? 영어가 아니야?

---

### 주요 학습 문형

- **〜と言う** ~라고 말하다, ~라고 하다
- **〜という** ~라고 하는, ~라는
- **〜というのは** ~라고 하는 것은, ~라는 것은, ~란

## STORY 읽기

1. 外国の友だちに「今日はテンション低いね。ファイト！」と言ったら、その言葉はとてもおかしい、英語じゃないと言われて、ショックを受けたことがあります。このように日本で作られた英語ではない英語を「和製英語」といいます。

2. 「和製英語」というのは、英語の単語を変えたり、英語の単語に日本語を合わせて作った言葉をいいます。このような言葉は英語を使っている国では通じません。

3. 「和製英語」にはもともとある英語を短くしたもの、まったく新しく作られたもの、英語と日本語を合わせた言葉などがあります。

4. 例えば、「リモートコントロール」は「リモコン」、「エアーコンディショナー」は「エアコン」、「スマートフォン」はシンプルに「スマホ」、「アイスドコーヒー(iced coffee)」は「アイスコーヒー」などカタカナで書きにくく、発音しにくい英語を短くしたものです。

5. さらに、「ウェークアップコール(wake up call)」は「モーニングコール」、「メークオーバー(makeover)」は「イメージチェンジ」、「アウトレット(outlet)」は「コンセント」などのようにまったく新しい言葉にしたものもあります。

6. 「空オケ」、「財テク」、「デパ地下」、「満タン」などは日本語と英語を合わせて作った言葉なのです。

7. みなさんもふだん使っている言葉の中の「和製英語」を探してみてはいかがでしょうか。

1 외국 친구에게 '오늘은 텐션 낮네. 파이팅!'이라고 했더니 '그 말은 너무 이상해, 영어가 아니야'라는 말을 듣고 충격을 받은 적이 있습니다. 이처럼 일본에서 만들어진 영어가 아닌 영어를 '일제(일본식) 영어'라고 합니다.

2 '일제(일본식) 영어'라는 것은 영어 단어를 바꾸거나 영어 단어에 일본어를 맞추어 만든 말을 말합니다. 이와 같은 말은 영어를 사용하고 있는 나라에서는 통하지 않습니다.

3 '일제(일본식) 영어'에는 원래 있는 영어를 짧게 한 것, 완전히 새롭게 만들어진 것, 영어와 일본어를 합친 말 등이 있습니다.

4 예를 들면 '리모트 컨트롤'은 '리모컨', '에어컨디셔너'는 '에어컨', '스마트폰'은 간단하게 '스마호', '아이스드 커피(iced coffee)'는 '아이스커피' 등 가타카나로 쓰기 어렵고 발음하기 어려운 영어를 짧게 한 것입니다.

5 게다가 '웨이크업 콜(wake up call)'은 '모닝콜', '메이크 오버(make over)'는 '이미지 체인지', '아웃렛(outlet)'은 '콘센트' 등과 같이 완전히 새로운 말로 만든 것도 있습니다.

6 '가라오케(노래방)', '재테크(자산 운용 기술)', '데파치카(백화점 지하)', '만땅(가득 참)' 등은 일본어와 영어를 조합해서 만든 말인 것입니다.

7 여러분도 평소 사용하고 있는 말 중 '일제(일본식) 영어'를 찾아보는 것은 어떠세요?

### WORDS

TRACK **047**

外国 외국 | テンション 텐션, 정신적 긴장감 | 低い 낮다 | ファイト 파이팅 | 言葉 말, 언어 | とても 매우 | おかしい 웃기다, 이상하다 | 英語 영어 | ショック 쇼크, 정신적 충격 | 受ける 받다 | このように 이와 같이, 이처럼 | 作る 만들다 | 和製 일본제, 일제, 일본에서 만든 것 | 単語 단어 | 変える 바꾸다 | 日本語 일본어 | 合わせる 맞추다, 맞게 하다 | このような 이와 같은 | 使う 쓰다, 사용하다 | 通じる 통하다 | もともと 원래, 본래 | 短い 짧다 | まったく 완전히 | ~など ~등 | 例えば 예를 들면 | リモコン 리모컨 | エアコン 에어컨 | スマホ 스마트폰 | アイスコーヒー 아이스커피 | 書く 쓰다, 적다 | ~にくい ~하기 어렵다(힘들다) | 発音 발음 | さらに 게다가, 더욱이 | モーニングコール 모닝콜 | イメージチェンジ 이미지 체인지, 이미지 변신 | コンセント 콘센트 | 空オケ 가라오케(노래방) | 財テク 재테크(자산 운용 기술) | デパ地下 백화점 지하 | 満タン 만땅(가득 참, 가득 채움) | ふだん 평소 | 探す 찾다 | いかが 어떻게 | いかがですか 어떻습니까?

## 문형 CHECK

TRACK **048**

### 1  〜と言う  ~라고 말하다, ~라고 하다

'~라고 말하다'라고 상대방의 행동을 말할 때뿐만 아니라 사람이나 사물의 명칭을 소개할 때에도 사용합니다. 이 경우, 히라가나로 「〜という」라고 쓰는 경우가 많습니다.

- 先生は学生に「宿題を出すように」と言いました。
  선생님은 학생에게 숙제를 내라고 말했습니다.

- 彼は何と言いましたか。
  그는 뭐라고 했습니까?

- この猫の名前は「タマ」といいます。
  이 고양이의 이름은 '타마'라고 합니다.

- あの花の名前は「アジサイ」といいます。
  저 꽃의 이름은 '수국'이라고 합니다.

**WORDS**

出す 내다, 제출하다
〜ように ~(하)도록
言う 말하다
何と 뭐라고
名前 이름

TRACK **049**

### 2  〜という+명사  ~라고 하는, ~라는

사람이나 사물, 장소의 명칭을 말할 때에나 정보 등의 내용을 설명하는 경우에 사용하는 표현입니다.

- 「夏目漱石」という小説家を知っていますか。
  '나쓰메 소세키'라는 소설가를 알고 있습니까?

- むかしむかし、桃太郎という男の子がいました。
  옛날 옛날에 모모타로라고 하는 남자아이가 있었습니다.

- 東京は物価が高いというニュースを聞きました。
  도쿄는 물가가 비싸다는 뉴스를 들었습니다.

- 母から来月日本へ来るという手紙が来ました。
  엄마한테서 다음 달에 일본으로 온다는 편지가 왔습니다.

**WORDS**

小説家 소설가
知る 알다
物価 물가
高い 높다, 비싸다
聞く 듣다, 묻다
来月 다음 달
来る 오다
手紙 편지

음성 듣기

TRACK **050**

## 3 ～というのは ~라고 하는 것은, ~라는 것은, ~란

어떤 것을 정의하거나 의미를 설명할 때 사용하는 표현입니다. 유사한 표현으로는 「～とは」가 있으며, 회화에서는 「～っていうのは」, 「～って」라는 형태로 쓰입니다.

- 「コンビニ」というのはコンビニエンスストアを短くした言葉です。
  '콤비니'라는 것은 'convenience store(편의점)'를 짧게 만든 말입니다.

- 「おおきに」というのはありがとうという意味です。
  '오-끼니'라는 것은 고맙다는 의미입니다.

- 「朝型」というのは朝早い時間に仕事や勉強をするタイプのことです。
  '아침형'이란 아침 이른 시간에 일이나 공부를 하는 유형을 말합니다.

- 「過ち」とは人間としてしてはいけないことをいう。
  '과오'란 인간으로서 해서는 안 되는 것을 말한다.

- 「親友」とは相手が間違っていることをはっきり言える友だちだ。
  '절친'이란 상대방이 틀렸다는 것을 분명하게 말할 수 있는 친구이다.

- 「事故」っていうのは集中できなかった時に起きる。
  '사고'라는 것은 집중하지 못했을 때에 일어난다.

- 勉強っていうのは、毎日コツコツ続けることが大事だよ。
  공부라는 것은 매일 꾸준히 계속하는 것이 중요해.

- 雨男ってぼくのこと？
  비를 몰고 다니는 남자라는 게 나를 말하는 거야?

**WORDS**

短い 짧다
過ち 실수, 잘못, 과오
～として ~로서
～てはいけない ~해서는 안 된다
相手 상대, 상대방
間違う 잘못되다, 틀리다
はっきり 분명히, 확실해
集中する 집중하다
起きる 일어나다
毎日 매일
コツコツ 꾸준히
続ける 계속하다
大事だ 중요하다
雨男 비를 몰고 다니는 남자

UNIT 07 어? 영어가 아니야? 63

## 실력 CHECK

**1** 다음 단어를 어떻게 읽는지 히라가나로 쓰고 뜻도 써 보세요.

> 보기
> 名前　✏ ___なまえ___　　이름

(1) 通じる　✏ _____　　_____

(2) 短い　✏ _____　　_____

(3) 探す　✏ _____　　_____

(4) 単語　✏ _____　　_____


**2** 다음 문장을 완성해 보세요.

(1) 父が明日は会社を_____。
아버지가 내일은 회사를 쉰다고 말했습니다. (休む 쉬다)

(2) これは_____食べ物ですか。
이것은 뭐라고 하는 음식입니까?

(3) 抜き打ちテストをする_____を耳にした。
깜짝 시험을 치른다고 하는 이야기를 들었다. (抜き打ち 예고 없이 실시하는 것)

(4) 「早出」_____いつもの出勤時間より早く出ることです。
'하야데'라는 것은 평소 출근 시간보다 일찍 나가는 것을 말합니다.

**3** 학습한 표현을 사용하여 자유롭게 답해 보세요.

(1) 今通っている学校(会社)の名前を教えてください。
지금 다니고 있는 학교(회사)의 이름을 가르쳐 주세요.

(「～といいます」를 넣어서)

(2) 「モーニングサービス」とはどんなサービスだと思いますか。
'모닝 서비스'는 어떤 서비스라고 생각하세요?

(「～ことをいいます」를 넣어서)

**4** STORY 본문의 내용을 잘 이해했는지 O, X로 체크해 봅시다.

(1) 일본식 영어는 다른 나라에서도 잘 통한다.　　　　　　O　X

(2) 일본식 영어란, 영어 단어에 일본어를 맞추어 만든 말이다.　O　X

(3) '만땅'은 발음하기 어려운 영어를 짧게 만든 말이다.　　O　X

(4) '모닝콜'은 '웨이크업 콜'의 일본식 영어 표현이다.　　　O　X

따라 써 보기

　外国の友だちに「今日はテンション低いね。ファイト！」と言ったら、その言葉はとてもおかしい、英語じゃないと言われて、ショックを受けたことがあります。このように日本で作られた英語ではない英語を「和製英語」といいます。

　「和製英語」というのは、英語の単語を変えたり、英語の単語に日本語を合わせて作った言葉をいいます。このような言葉は英語を使っている国では通じません。

　「和製英語」にはもともとある英語を短くしたもの、まったく新しく作られたもの、英語と日本語を合わせた言葉などがあります。

　例えば、「リモートコントロール」は「リモコン」、「エアーコンディショナー」は「エアコン」、「スマートフォン」はシンプルに「スマホ」、「アイスドコーヒー(iced coffee)」は「アイスコーヒー」などカタカナで書きにくく、発音しにくい英語を短くしたものです。

　さらに、「ウェークアップコール(wake up call)」は「モーニングコール」、メークオーバー(makeover)」は「イメージチェンジ」、「アウレット(outlet)」は「コンセント」などのようにまったく新しい言葉にしたものもあります。

「空オケ」、「財テク」、「デパ地下」、「満タン」などは日本語と英語を合わせて作った言葉なのです。

みなさんもふだん使っている言葉の中の「和製英語」を探してみてはいかがでしょうか。

## '세계어'가 된 일본어 표현

외국어처럼 쓰이지만, 실제로는 일본에서 만든 말을 가리켜 「和製英語」라고 한다고 앞서 이야기했습니다. 반면에 일본어 글자의 발음 그대로 전세계에서 통하는 말들도 많이 있습니다.

대표적인 예가 바로 '쓰나미(tsunami つなみ)'입니다. 2011년 동일본 대지진 당시, '해일'을 '쓰나미'로 표현한 일본의 뉴스가 전세계에 보도되면서 국제적으로 통용되는 용어로 정착하게 되었습니다.

또한 2013년, 아르헨티나의 부에노스아이레스에서 열린 국제올림픽위원회(IOC) 총회에서 일본이 올림픽 유치전을 펼칠 때 내세운 표현으로 '오모테나시(omotenashi おもてなし)가 있습니다. 일본의 인기 아나운서인 다키가와 크리스텔이 '일본인의 정성 어린 대접(환대) 정신'을 '오모테나시'라고 어필하여 화제가 된 바 있습니다.

실은 '세계화된 일본어'는 이보다 훨씬 이전부터 존재했습니다. 일본 사극 등의 단골 소재로 등장했던 '닌자(ninja にんじゃ)는 '신출귀몰의 일본 전통 무술 수련자'를 뜻하는 말입니다. 닌자가 실제로 존재했느냐에 대한 진위 여부는 별개의 문제이기는 하나, 유명한 일본 영화 속에서도 닌자가 자주 등장하여 전세계적으로도 통용되는 표현으로 받아들여지게 되었습니다.

'오타쿠(otaku おたく)'라는 말 역시 세계적으로 주목받은 표현입니다. '주류가 아닌 비주류 문화에 빠져 버린 사람들, 특정 분야에 지나치게 열중하는 마니아'를 지칭하는 말로 사용되고 있습니다.

최근에 일본의 음식 문화가 인기를 끌면서 '오마카세(omakase おまかせ) 라는 말도 일상 생활 속에 정착되었습니다. 오마카세는 '맡긴다'는 뜻으로, '식당의 요리사가 알아서 조리해 주는 일본식 코스 요리'를 가리킵니다. 즉, '특정 음식을 주문하지 않고 요리사에게 맡기는 것'을 의미합니다.

이처럼 특정 나라의 독특한 문화나 이미지로 국한되던 표현이 세계적으로 통용되고 그 숫자도 증가하는 이유는 세계화가 점점 더 빠르게 진행되어 가고 있기 때문일 것입니다.

한국도 경제력과 문화적인 영향력을 갖춘 나라로 자리매김하게 되어 한국어의 인기도 확산되고 있습니다. K-pop, K-drama, K-food 등을 통해, 전세계적으로 통용되는 한국어 표현에는 어떤 것들이 있는지 조사해 보는 것도 흥미로울 것 같습니다.

▶ 영상 보기

## UNIT 08

# 地名の由来
ちめい ゆらい

지명의 유래

— 주요 학습 문형 —

- ～そうだ ~라고 한다, ~다고 한다
- ～のだ ~인 것이다, ~한 것이다

## STORY 읽기

1. 新宿、秋葉原、銀座…これらはみな東京の地名です。東京にはいろいろな地名がありますが、どうしてこのような名前になったのか気になったことはありませんか。

2. 東京都庁のような高層ビルやターミナル駅があり、いつも人が集まるにぎやかな街で、日本を代表する都市とも言える「新宿」。その名前の由来は江戸時代にあります。

3. 昔、江戸（今の東京）とほかの地域をつなぐ長い道がありました。そのまわりにはたくさんの宿場があったそうです。江戸から出発して最初に着く宿場は高井戸にありました。しかし、江戸から高井戸までの距離が長すぎたので、新しい宿場が必要でした。それで内藤家が土地を出して「内藤新宿」という宿場が作られました。もともとあったところより「新しい宿場」ができたので、「内藤」を取り「新宿」と呼ばれるようになったのです。

4. また、江戸時代には金貨を作る「金座」、銀貨を作る「銀座」、銭を作る「銭座」という役所がありました。「金座」があった場所に今は日本銀行があります。今はお金を作る「銀座」はなくなってしまいましたが、その名前だけは今でも残っているのです。

5. 地名には歴史や昔の人の暮らしや思いなどが込められています。東京を観光しながら、その地名の由来を調べてみるのもいいかもしれません。

음성 듣기

1 신주쿠, 아키하바라, 긴자… 이것들은 모두 도쿄의 지명입니다. 도쿄에는 여러 가지 지명이 있습니다만, 왜 이런 이름이 되었는지 궁금했던 적은 없습니까?

2 도쿄도청과 같은 고층 빌딩이나 터미널역이 있어, 언제나 사람이 모이는 번화한 거리로, 일본을 대표하는 도시라고도 말할 수 있는 '신주쿠'. 그 이름의 유래는 에도 시대에 있습니다.

3 옛날, 에도(지금의 도쿄)와 다른 지역을 잇는 긴 길이 있었습니다. 그 주변에는 많은 숙소가 있었다고 합니다. 에도에서 출발해서 가장 먼저 도착하는 숙소는 다카이도에 있었습니다. 그러나 에도에서 다카이도까지의 거리가 너무 길었기 때문에 새로운 숙소가 필요했습니다. 그래서 나이토 가문이 땅을 내놓고 '나이토 신주쿠'라고 하는 숙소가 만들어졌습니다. 원래 있던 곳보다 '새로운 숙소'가 생겼기 때문에 '나이토'를 떼고 '신주쿠'라고 불리게 된 것입니다.

4 또 에도 시대에는 금화를 만드는 '킨자', 은화를 만드는 '긴자', 동전을 만드는 '제니자'라는 관공서가 있었습니다. '킨자'가 있던 자리에 지금은 일본 은행이 있습니다. 지금은 돈을 만드는 '긴자'는 없어졌지만, 그 이름만은 지금도 남아 있는 것입니다.

5 지명에는 역사와 옛사람들의 삶과 생각 등이 담겨 있습니다. 도쿄를 관광하면서 그 지명의 유래를 조사해 보는 것도 좋을지도 모르겠습니다.

## WORDS

TRACK **054**

| これら 이들, 이것들 | みな 모두 | 地名(ちめい) 지명 | いろいろな 여러 가지, 다양한 | どうして 어째서, 왜 | このような 이런, 이와 같은 | 名前(なまえ) 이름 | ～になる ~이/가 되다 | 気(き)になる 신경 쓰이다, 궁금하다 | ～こと ~것, ~적 | 都庁(とちょう) 도청 | 高層(こうそう) 고층 | ビル 빌딩 | ターミナル 터미널 | 駅(えき) 역 | いつも 언제나, 항상 | 集(あつ)まる 모이다 | にぎやかだ 번화하다, 북적이다 | 街(まち) 거리 | 代表(だいひょう)する 대표하다 | 都市(とし) 도시 | ～とも ~라고도, ~로도 | 言(い)う 말하다 | 由来(ゆらい) 유래 | 昔(むかし) 옛날 | ほかの 다른 | 地域(ちいき) 지역 | つなぐ 잇다, 연결하다 | 長(なが)い 길다 | 道(みち) 길 | まわり 주위, 주변 | 宿場(しゅくば) 숙소, 역참 | ～そうだ ~(라)고 한다 | 出発(しゅっぱつ)する 출발하다 | 最初(さいしょ) 최초, 맨 처음 | 着(つ)く 도착하다 | しかし 그러나 | ～から ~에서, 부터 | ～まで ~까지 | 距離(きょり) 거리 | 長(なが)すぎる 너무 길다 | 必要(ひつよう)だ 필요하다 | それで 그래서 | 土地(とち) 토지 | 出(だ)す 내다, 제공하다 | ～という ~라는, ~라고 하는 | 作(つく)る 만들다 | もともと 원래, 본래 | ところ 곳, 장소 | ～より ~보다 | できる 생기다 | 取(と)る 떼다, 빼다 | 呼(よ)ぶ 부르다 | ～ようになる ~(하)게 되다 | 金貨(きんか) 금화 | 銀貨(ぎんか) 은화 | 銭(ぜに) 동전 | 役所(やくしょ) 관청, 관공서 | 場所(ばしょ) 장소 | 銀行(ぎんこう) 은행 | なくなる 없어지다 | 残(のこ)る 남다 | 歴史(れきし) 역사 | 暮(く)らし 삶, 생활 | 思(おも)い 생각 | 込(こ)める 담다 | 観光(かんこう)する 관광하다 | ～ながら ~(하)면서 | 調(しら)べる 조사하다 | ～かもしれない ~지도 모른다 |

 문형 CHECK

TRACK **055**

## 1  ～そうだ ~라고 한다, ~다고 한다 [전문]

무엇인가를 통해 얻은 정보를 전달할 때 쓰는 표현으로 「보통형(반말체) + そうだ」 형태로 활용합니다. 「～そうです」로 연결하면 '~라고 합니다'라는 정중한 표현이 됩니다.

- 天気予報によると、明日は雨が降るそうです。
  일기 예보에 따르면 내일은 비가 내린다고 합니다.

- さっき、ラジオで聞きましたが、北海道で地震があったそうです。
  아까 라디오에서 들었습니다만, 홋카이도에서 지진이 있었다고 합니다.

- 今年の夏は去年より暑くなるそうだ。
  올여름은 작년보다 더워진다고 한다.

- ユナさんのお母さんは日本人だそうです。
  유나 씨의 어머니는 일본인이라고 합니다.

- 鈴木さんは昨日彼女と別れたそうだ。
  스즈키 씨는 어제 여자 친구와 헤어졌다고 한다.

- 世界アーチェリー大会で韓国チームが優勝したそうです。
  세계 양궁 대회에서 한국 팀이 우승했다고 합니다.

- 彼はこのごろ毎日アルバイトをしているそうだ。
  그는 요즘 매일 아르바이트를 하고 있다고 한다.

- あの店のケーキはとてもおいしいそうだ。
  저 가게의 케이크는 매우 맛있다고 한다.

- 深い海の底は何も聞こえなくて静かだそうです。
  깊은 바다의 바닥은 아무것도 들리지 않고 조용하다고 합니다.

- 私の祖父は昔は大企業の社長だったそうです。
  우리 할아버지는 옛날에는 대기업의 사장이었다고 합니다.

**WORDS**

天気予報 일기 예보
降る (비·눈 등이) 내리다
さっき 아까, 조금 전
聞く 듣다, 묻다
地震 지진
今年 금년, 올해
去年 작년
暑い 덥다
～くなる ~해지다, ~어지다
彼女 그녀, 여자 친구
別れる 헤어지다
優勝する 우승하다
このごろ 요즘
毎日 매일
おいしい 맛있다
深い 깊다
底 (밑)바닥
聞こえる 들리다
静かだ 조용하다
祖父 조부, 할아버지
昔 옛날

TRACK **056**

## 2  ～のだ ~인 것이다, ~한 것이다

어떤 사정을 설명하거나 이유를 말할 때 쓰며 「보통형(반말체) + のだ」 형태로 활용합니다. 「～のです ~인/한 것입니다」로 연결하면 정중한 표현이 됩니다. 회화에서는 주로 「～んだ ~인/한 것이다」, 「～んです ~인/한 것입니다」 형태로 씁니다.

- 幸せになる方法はだれにもわからないのです。
  행복해지는 방법은 아무도 모르는 것입니다.

- それでも地球は回るのだ。
  그래도 지구는 돌아가는 것이다.

- A これはどうやって食べるんですか。
  이것은 어떻게 먹는 건가요?
  B ここにソースをかけて食べるんですよ。
  여기에 소스를 뿌려서 먹는 거예요.

- A どうして別れたんですか。
  왜 헤어진 거예요?
  B 性格が合わなかったんです。
  성격이 안 맞았어요.

- A 日本にはいつ行くんですか。
  일본에는 언제 가는 거예요?
  B まだ決まっていないんです。
  아직 정해지지 않았어요.

- A Tシャツ1枚で出かけるんですか。
  티셔츠 하나만 입고 나가는 거예요?
  B 外は暑いんですよ。
  바깥은 더워서요.

**WORDS**

幸せだ 행복하다
～になる ~해지다, ~어지다
だれにも 누구도, 아무도
わかる 알다, 이해하다
それでも 그래도, 그런데도
回る 돌다, 회전하다
どうやって 어떻게 (해서)
食べる 먹다
かける 뿌리다, 치다
どうして 어째서, 왜
別れる 헤어지다
合う 맞다
いつ 언제
行く 가다
まだ 아직
決まる 정해지다, 결정되다
～枚 ~장, ~매
出かける 외출하다, 나가다
外 밖, 바깥

UNIT 08 지명의 유래   73

## 실력 CHECK

**1** 다음 단어를 어떻게 읽는지 히라가나로 쓰고 뜻도 써 보세요.

보기
名前 ✎ なまえ　　　이름

(1) 地名 ✎ _____

(2) 出発 ✎ _____

(3) 暮らし ✎ _____

(4) 場所 ✎ _____


**2** 다음 문장을 완성해 보세요.

(1) ニュースによると犯人(はんにん)を_____そうです。
뉴스에 의하면 범인을 잡았다고 합니다. (つかまえる 잡다, 붙잡다)

(2) 彼(かれ)の話(はなし)では土曜日(どようび)はとても_____そうだ。
그의 말로는 토요일은 매우 바빴다고 한다.

(3) 今日(きょう)のランチはスペシャルカレー_____。
오늘 런치는 스페셜 카레라고 합니다.

(4) えーっ、どうしてそんなに_____。
와, 어떻게 그렇게 비싼 거예요? (高(たか)い 높다, 비싸다)

**3** 학습한 표현을 사용하여 자유롭게 답해 보세요.

(1) 昨日のニュースで一番興味があったのはどんな話ですか。
어제 뉴스에서 가장 흥미로웠던 것은 어떤 이야기인가요?

(「〜そうです」를 넣어서)

(2) どうして日本語の勉強を始めたんですか。
왜 일본어 공부를 시작한 것인가요?

(「〜んです」를 넣어서)

**4** STORY 본문의 내용을 잘 이해했는지 O, X로 체크해 봅시다.

(1) 이 글은 도쿄의 여러 지명의 유래에 관한 이야기이다.　　O X

(2) 신주쿠의 명칭은 메이지 시대부터 사용되었다.　　O X

(3) 긴자는 돈을 만드는 곳과 관련된 지명이다.　　O X

(4) 지금도 긴자에는 화폐를 만드는 곳이 있다.　　O X

## 따라 써 보기

　新宿、秋葉原、銀座…これらはみな東京の地名です。東京にはいろいろな地名がありますが、どうしてこのような名前になったのか気になったことはありませんか。

　東京都庁のような高層ビルやターミナル駅があり、いつも人が集まるにぎやかな街で、日本を代表する都市とも言える「新宿」。その名前の由来は江戸時代にあります。

　昔、江戸（今の東京）とほかの地域をつなぐ長い道がありました。そのまわりにはたくさんの宿場があったそうです。江戸から出発して最初に着く宿場は高井戸にありました。しかし、江戸から高井戸までの距離が長すぎたので、新しい宿場が必要でした。それで内藤家が土地を出して「内藤新宿」という宿場が作られました。もともとあったところより「新しい宿場」ができたので、「内藤」を取り「新宿」と呼ばれるようになったのです。

　また、江戸時代には金貨を作る「金座」、銀貨を作る「銀座」、銭を作る「銭座」という役所がありました。「金座」があった場所に今は日本銀行があります。今はお金を作る「銀座」はなくなってしまいましたが、その名前だけは今でも残っているのです。

地名には歴史や昔の人の暮らしや思いなどが込められています。東京を観光しながら、その地名の由来を調べてみるのもいいかもしれません。

## 📖 コラム 칼럼

### 슈쿠바 마치(宿場町)가 뭐예요?

　에도 시대(1603~1868)는 에도(현재의 도쿄)를 기점으로 일본 주요 지역과 통할 수 있는 도로가 정비되어 있었습니다. 당시는 도보, 말, 가마 등이 주요 이동 수단이었는데, 고카이도(五街道)로 불리는 다섯 개의 주요 도로에는 긴 여행 길 중간 중간에 숙박을 할 수 있는 마을이 존재했습니다. 이것이 바로 슈쿠바 마치(宿場町), 즉 '숙박 마을'입니다.

　당시에는 지방의 영주가 2년에 한 번씩 에도를 방문하였는데, 그때 슈쿠바 마치가 이들의 숙박 거점으로 활용되었습니다. 또 경제 활동을 위해 지방과 에도를 오가는 상인들, 사찰 구경 등을 위해 방문하는 여행객들도 슈쿠바(宿場)를 이용하였습니다.

　슈쿠바 안에서도 용도가 나뉘어져 있었습니다. 숙박은 하지 않고 차를 마시며 휴식만 취하는 사람은 '차야(茶屋)'라고 하는 곳에서 쉬었습니다. 무사들은 주로 특별한 시설과 식사가 제공되는 중·상급 숙소(여관급)를 이용하였는데, 식사가 제공되지 않고 취침만 할 수 있는 하급 숙소(여인숙급)도 있었습니다. 그 밖에도 물자와 서신을 운반할 수 있는 말이나 사람을 태울 수 있는 가마를 제공하는 역참의 기능도 갖추고 있었습니다.

　오랜 세월이 지난 지금도 슈쿠바 마치가 그대로 남아 있는 곳이 있습니다. 옛 거리의 모습을 보존하여 관광 자원으로 활용하는 곳도 있고, 여관으로 영업을 하고 있는 곳도 있습니다. 당시의 정취를 느껴보고 싶으신 분들이나 향토 요리, 전통 공예품을 즐기고 싶은 분들은 한번 방문해 보시는 것도 좋을 것 같습니다.

**대표적인 슈쿠바 마치 (관광객이 많은 순)**

- 2위 大内宿 (오우치주쿠)
- 9위 塩沢宿 (시오자와주쿠)
- 7위 追分宿 (오이와케주쿠)
- 6위 海野宿 (운노주쿠)
- 4위 奈良井宿 (나라이주쿠)
- 10위 熊川宿 (구마가와주쿠)
- 中山道 나카센도
- 1위 妻籠宿 (쓰마고주쿠)
- 3위 馬籠宿 (마고메주쿠)
- 5위 関宿 (세키주쿠)
- 8위 肥前浜宿 (히젠하마슈쿠)

# UNIT 09

## 鹿公園
しか こう えん

사슴 공원

### 주요 학습 문형

- 〜れる・〜られる ~받다, ~되다, ~지다
- 〜たほうがいい ~하는 편이 좋다(낫다)

**STORY 읽기**

1. 私は修学旅行で、野生の「鹿」が自由にのんびりと過ごしている奈良公園に行ったことがあります。先生に言われたとおり、鹿にせんべいをあげようとしたら、いきなり何頭かの鹿が走ってきて驚きました。また、ポケットの中に入れておいたチケットも鹿に食べられてしまった思い出があります。

2. 毎年たくさんの人が観光に来る奈良公園の近くには「東大寺」というお寺があります。鹿は神様のお使いとして古くから大切にされていました。今はその鹿がどんどん増え、約1,300頭ぐらいの鹿がいるそうです。

3. 奈良公園のマスコット的な存在として愛されている鹿はいつもは静かにしています。ところが、写真を撮ろうとして、お菓子を見せながらなかなかあげなかったり、少しずつあげたりすると、怒って人を押したり噛んだりします。公園の人の話では、鹿に押されて転んだりしてけがをする人がだんだん増えているそうです。鹿にえさをやる時はすぐにあげましょう。

4. やはり鹿はいくらかわいくても野生の動物なので、遠くから見たほうがいいと思います。

1  저는 수학여행으로 야생 '사슴'이 자유롭게 한가로이 지내고 있는 나라 공원에 간 적이 있습니다. 선생님께 들은 대로, 사슴에게 센베(과자)를 주려고 했더니 갑자기 몇 마리인가의 사슴이 달려와서 놀랐습니다. 또, 주머니 안에 넣어 둔 티켓도 사슴에게 먹혀 버린 추억이 있습니다.

2  매년 많은 사람들이 관광하러 오는 나라 공원의 근처에는 '도다이지'라는 절이 있습니다. 사슴은 신의 사자(심부름하는 자)로서 예로부터 소중히 여겨졌습니다. 지금은 그 사슴이 계속 늘어나 약 1,300마리 정도의 사슴이 있다고 합니다.

3  나라 공원의 마스코트 격인 존재로서 사랑받고 있는 사슴은 평소에는 조용히 있습니다. 그런데 사진을 찍으려고 과자를 보여주면서 좀처럼 주지 않거나 조금씩 주거나 하면, 화내고 사람을 밀거나 물거나 합니다. 공원 사람의 말로는 사슴에 밀려 넘어지거나 해서 다치는 사람이 점점 늘고 있다고 합니다. 사슴에게 먹이를 줄 때는 즉시 줍시다.

4  역시 사슴은 아무리 귀여워도 야생 동물이기 때문에 멀리서 보는 편이 좋다고 생각합니다.

## WORDS

TRACK **060**

修学旅行 수학여행 | 野生 야생 | 鹿 사슴 | 自由に 자유롭게 | のんびりと 한가로이 | 過ごす 지내다 | 奈良 나라(지명) | 公園 공원 | ～たとおり ~은 대로, ~한 대로 | せんべい 센베(과자) | あげる 주다 | ～としたら ~고 했더니 | いきなり 갑자기 | ～頭 ~마리(동물을 세는 말) | 走る 달리다 | 驚く 놀라다 | ポケット 포켓, 주머니 | 入れる 넣다 | ～ておく ~해 두다 | チケット 티켓, 표 | 食べる 먹다 | ～てしまう ~해 버리다 | 思い出 추억 | 毎年 매년, 해마다 | 観光 관광 | 近く 가까운 곳, 근처 | (お)寺 절 | 神様 신 | お使い 사자(使者) | ～として ~로서 | 古くから 예로부터, 오래 전부터 | 大切に 소중히 | どんどん 자꾸자꾸, 계속 | 増える 늘다, 증가하다 | 約 약 | ～そうだ ~라고 한다 | マスコット 마스코트 | ～的な ~적인, 격인 | 存在 존재 | 愛する 사랑하다 | 静かだ 조용하다 | ところが 그런데, 그러나 | 写真 사진 | 撮る 찍다, 촬영하다 | ～よう (의지형)と する ~하려고 하다 | お菓子 과자 | 見せる 보이다, 나타내다 | なかなか 상당히, 꽤, 좀처럼(부정 수반) | 少しずつ 조금씩 | 怒る 화내다 | 押す 누르다, 밀다 | 噛む 물다, 씹다 | 転ぶ 구르다, 넘어지다 | けが 상처, 부상 | けがをする 부상을 입다, 다치다 | だんだん 점점, 차차, 점차 | えさ 먹이, 사료 | やる 주다 | すぐに 곧, 즉시 | やはり 역시 | いくら ～ても 아무리 ~(해)도 | かわいい 귀엽다 | 動物 동물 | 遠くから 멀리서 | 見る 보다 | ～たほうがいい ~하는 것(편)이 좋다

UNIT 09 사슴 공원

## 문형 CHECK

TRACK 061

### 1  ～れる・～られる ~받다, ~되다, ~지다 [수동형]

외부로부터 어떤 행위를 당하거나 작용을 받을 때 쓰는 표현으로, 행동을 하는 주체 뒤에는 조사 「～に ~에게」, 「～から ~로부터」가 옵니다. '~에게 ~받다/당하다' 대신 '~가 ~하다'로 해석해야 자연스러울 때가 있습니다.

- 私は先生に名前を呼ばれました。
  저는 선생님에게 이름을 불렸습니다(선생님이 제 이름을 불렀습니다).

- 田中さんは先生にほめられました。
  다나카 씨는 선생님에게 칭찬받았습니다.

- パーティーに招待されて、うれしかったです。
  파티에 초대받고 기뻤습니다.

- 蚊に刺されて、かゆいです。
  모기에 물려서 가렵습니다.

- みんなに笑われて、恥ずかしかったです。
  모두가 웃어서 부끄러웠습니다.

**WORDS**

名前 이름
呼ぶ 부르다
ほめる 칭찬하다
招待する 초대하다
うれしい 기쁘다
蚊 모기
刺す 찌르다, 쏘다, 물다
かゆい 가렵다
笑う 웃다
恥ずかしい 부끄럽다, 창피하다

### 동사 그룹별로 수동형 활용하기

**1그룹 동사**  어미 う단 → あ단 + 「れる」

- 叱る 혼내다 → 叱られる 혼나다
- 噛む 물다 → 噛まれる 물리다

**2그룹 동사**  어미 「る」를 떼고 + 「られる」

- ほめる 칭찬하다 → ほめられる 칭찬받다
- すすめる 추천하다 → すすめられる 추천받다

**3그룹 동사**  する → される / くる → こられる

- する 하다 → される 받다, 당하다
- 来る 오다 → 来られる 방문을 받다(당하다)

음성 듣기

TRACK **062**

## 2  ～たほうがいい  ~하는 편이 좋다(낫다)

상대방에게 조언을 하거나 제안, 권유할 때 쓰는 표현으로 「동사 た형」에 연결합니다. '~하지 않는 편이 좋다(낫다)'라고 할 때는 「～ないほうがいい」라고 합니다.

- A 風邪を引いたみたいです。
  감기에 걸린 것 같아요.
  B それじゃ、早く帰って寝たほうがいいですよ。
  그럼, 빨리 가서 자는 게 좋아요.

- A 映画でも見に行きましょうか。
  영화라도 보러 갈까요?
  B 映画はあまり好きじゃないから、家でテレビを見たほうがいいです。
  영화는 별로 좋아하지 않기 때문에 집에서 TV를 보는 편이 나아요.

- 薬を飲んだほうがいいと思います。
  약을 먹는 편이 좋을 것 같아요.

- 先生に言ったほうがいいでしょう。
  선생님께 말하는 게 좋다고 생각해요(좋을 것 같아요).

- 寒いからコートを着て行ったほうがいい。
  추우니까 코트를 입고 가는 편이 좋아.

- 野菜は好きじゃないからジュースでも飲んだほうがいい。
  채소는 좋아하지 않으니까 주스라도 마시는 편이 좋아.

- タバコは吸わないほうがいいですよ。
  담배는 피우지 않는 편이 좋아요.

- 夜遅い時間にはできれば食べないほうがいい。
  밤늦은 시간에는 가능하면 먹지 않는 것이 좋다.

**WORDS**

～みたい ~것 같다
それじゃ 그럼
早く 빨리
帰る 돌아가다, 돌아오다
寝る 자다
見る 보다
行く 가다
あまり 그다지, 별로
好きだ 좋아하다
飲む 마시다, 복용하다
言う 말하다
寒い 춥다
着る 입다
吸う 들이마시다, 피우다
遅い 늦다, 느리다
できれば 가능하면, 되도록
食べる 먹다

UNIT 09 사슴 공원

## 실력 CHECK

**1** 다음 단어를 어떻게 읽는지 히라가나로 쓰고 뜻도 써 보세요.

> 보기
> 名前 ✎ なまえ    이름

(1) 思い出 ✎ _____    _____

(2) 増える ✎ _____    _____

(3) 転ぶ ✎ _____    _____

(4) 写真 ✎ _____    _____

**2** 다음 문장을 완성해 보세요.

(1) 私も先生に_____です。
저도 선생님께 칭찬받고 싶어요.

(2) この本はたくさんの人に_____います。
이 책은 많은 사람들에게 사랑받고 있습니다. (愛する 사랑하다)

(3) さっき先生に_____職員室に行きました。
아까 선생님이 부르셔서 교무실에 갔습니다.

(4) このお寺は100年前に_____といいます。
이 절은 100년 전에 지어졌다고 합니다. (建てる 세우다, 짓다)

**3** 학습한 표현을 사용하여 자유롭게 답해 보세요.

(1) 先生や家族にほめられたことがありますか。どうしてほめられましたか。
　　선생님이나 가족에게 칭찬받은 적이 있나요? 왜 칭찬받았나요?

（「〜とほめられました」를 넣어서）

(2) 長い時間、車に乗って気分が悪いです。どうすればいいですか。
　　오랜 시간 차를 타서 기분이 안 좋습니다(속이 메스껍습니다). 어떻게 하면 좋을까요?

（「〜た(だ)ほうがいいです」를 넣어서）

**4** STORY 본문의 내용을 잘 이해했는지 O, X로 체크해 봅시다.

(1) 일본 유학 시절에 나라 공원에 구경을 간 내용이다. 　　　　　　　O　X

(2) 사슴은 나라 공원의 마스코트 격인 존재이다. 　　　　　　　　　O　X

(3) 사슴의 숫자가 점점 줄어들고 있다. 　　　　　　　　　　　　　O　X

(4) 사슴은 평소에는 조용해도 야생성이 있기 때문에 멀리서 보는 편이 좋다. 　O　X

따라 써 보기

　私は修学旅行で、野生の「鹿」が自由にのんびりと過ごしている奈良公園に行ったことがあります。先生に言われたとおり、鹿にせんべいをあげようとしたら、いきなり何頭かの鹿が走ってきて驚きました。また、ポケットの中に入れておいたチケットも鹿に食べられてしまった思い出があります。

　毎年たくさんの人が観光に来る奈良公園の近くには「東大寺」というお寺があります。鹿は神様のお使いとして古くから大切にされていました。今はその鹿がどんどん増え、約1,300頭ぐらいの鹿がいるそうです。

　奈良公園のマスコット的な存在として愛されている鹿はいつもは静かにしています。ところが、写真を撮ろうとして、お菓子を見せながらなかなかあげなかったり、少しずつあげたりすると、怒って人を押したり噛んだりします。公園の人の話では、鹿に押されて転んだりしてけがをする人がだんだん増えているそうです。鹿にえさをやる時はすぐにあげましょう。

　やはり鹿はいくらかわいくても野生の動物なので、遠くから見たほうがいいと思います。

## UNIT 10

# オレンジ色(いろ)

오렌지색

---

**주요 학습 문형**

- **〜やすい** ~(하)기 쉽다 / **〜にくい** ~(하)기 어렵다
- **〜すぎる** 너무(지나치게) ~하다
- **〜ため(に)** ~위해, ~위해서

**STORY 읽기**

1　初めて行くパーティーで、初めての人と会うのは少し緊張しますね。自分からどんどん話しかけて新しい友だちが作れる人はいいのですが、そうではない人もいると思います。知り合いもあまりいないパーティーに行かなければならないことになると、とてもつらいと思います。

2　初めての人にいい印象を与えて、話しかけやすくしてくれる魔法の色があるのを知っていますか。それは「オレンジ色」です。

3　ある調査によると、パーティーや集まりなどで、初めてだれかに会う時、いいイメージを与えるためには「オレンジ色」の服を着たらいいという結果が出たそうです。

4　「黄色」は明るいけど、軽すぎるイメージがあるし、「青」は冷たくて、話しかけにくい感じがするけど、「オレンジ」は「赤」ほど強くなく、「青」ほど冷たくないちょうどいい感じなので、初めての人でも話しかけやすい印象を与えるのだそうです。

5　ほかにも色にはいろいろなイメージがあります。例えば、「白」は清潔で、新鮮で気持ちいいイメージ、「黒」はミステリアスでおしゃれ、「青」はクールなイメージ、「赤」は派手で、エネルギッシュな感じ、「緑」は落ち着いて安心感のあるイメージです。

6　自分のイメージに合った服を着て、初めて行くパーティーを楽しんでみるのもいいと思います。

🔊 음성 듣기

1. 처음 가는 파티에서 처음 보는 사람과 만나는 것은 조금 긴장되지요. 자신부터 계속 말을 걸고 새로운 친구를 만들(사귈) 수 있는 사람은 괜찮지만, 그렇지 않은 사람도 있다고 생각합니다. 아는 사람도 별로 없는 파티에 가야 하게 되면 너무 괴로울 것 같습니다.

2. 처음 보는 사람에게 좋은 인상을 주고 말을 걸기 쉽게 해 주는 마법의 색이 있다는 것을 알고 계십니까? 그것은 '오렌지색'입니다.

3. 어느 조사에 따르면 파티나 모임 등에서 처음 누군가를 만날 때, 좋은 이미지를 주기 위해서는 '오렌지색' 옷을 입으면 된다는 결과가 나왔다고 합니다.

4. '노란색'은 밝지만 너무 가벼운 이미지가 있고, '파란색'은 차갑고 말을 걸기 어려운 느낌이 들지만, '오렌지'는 '빨간색'만큼 강하지 않고, '파란색'만큼 차갑지 않은 딱 좋은 느낌이기 때문에 처음 보는 사람도 말을 걸기 쉬운 인상을 준다고 합니다.

5. 그 밖에도 색에는 여러 가지 이미지가 있습니다. 예를 들면, '흰색'은 청결하고, 신선하고 기분 좋은 이미지, '검은색'은 신비하고 세련되고, '파란색'은 쿨한 이미지, '빨간색'은 화려하고, 에너지가 넘치는 느낌, '초록색'은 차분하고 안정감이 있는 이미지입니다.

6. 자신의 이미지에 맞는 옷을 입고 처음 가는 파티를 즐겨 보는 것도 좋을 것 같습니다.

## WORDS　　　　　　　　　　　　　　　　　　　　　　　　　　　TRACK 066

初(はじ)めて 처음(으로) | 行(い)く 가다 | パーティー 파티 | 会(あ)う 만나다 | 少(すこ)し 조금 | 緊張(きんちょう)する 긴장하다 | 自分(じぶん) 자기, 자신 | 話(はな)しかける 말을 걸다 | 作(つく)る 만들다 | 知(し)り合(あ)い 아는 사람, 지인 | あまり 별로, 그다지 | ~なければならない ~하지 않으면 안 된다, ~해야 한다 | つらい 괴롭다 | 印象(いんしょう) 인상 | 与(あた)える 주다 | ~やすい ~(하)기 쉽다 | ~てくれる ~(해) 주다 | 魔法(まほう) 마법 | 色(いろ) 색 | オレンジ色(いろ) 오렌지색 | ある 어느~, 한~ | 調査(ちょうさ) 조사 | ~によると ~에 따르면, ~에 의하면 | 集(あつ)まり 모임 | だれか 누군가 | イメージ 이미지 | ~ために ~위해서 | 服(ふく) 옷 | 着(き)る 입다 | ~たら ~다면, ~라면 | 結果(けっか) 결과 | 出(で)る 나가다, 나오다 | 黄色(きいろ) 노랑, 노란색 | 明(あか)るい 밝다 | 軽(かる)い 가볍다 | ~すぎる 지나치게(너무) ~하다 | 青(あお) 파랑, 파란색 | 冷(つめ)たい 차갑다 | ~にくい ~(하)기 어렵다 | 感(かん)じ 느낌 | 感(かん)じがする 느낌이 들다 | 赤(あか) 빨강, 빨간색 | ~ほど ~만큼, ~정도 | 強(つよ)い 강하다 | ちょうど 딱, 마침 | ちょうどいい 딱 좋다(알맞다) | ほかにも 그 밖(외)에도 | 白(しろ) 하양, 하얀색 | 清潔(せいけつ)だ 청결하다 | 新鮮(しんせん)だ 신선하다 | 気持(きも)ち 마음, 기분 | いい 좋다 | 黒(くろ) 검정, 검은색 | ミステリアス 신비한(불가사의한) 모양 | おしゃれ 화려함 | クールな 쿨한, 시원한 | 派手(はで)だ 화려하다, 요란하다 | エネルギッシュな 에너지가 넘치는, 활력에 찬 | 緑(みどり) 초록, 녹색 | 落(お)ち着(つ)く 진정되다, 차분하다 | 安心感(あんしんかん) 안심감, 안정감, 안도감 | 楽(たの)しむ 즐기다

## 문형 CHECK

TRACK **067**

### 1  〜やすい ~(하)기 쉽다 / 〜にくい ~(하)기 어렵다

'~하기 편하다(좋다)', '쉽게 ~하다'라고 할 때 쓰는 표현으로 「동사 ます형 + やすい」 형태로 활용합니다. 반대 표현으로는 「동사 ます형 + にくい」가 있습니다.

- この本は字が大きくて読みやすいです。
  이 책은 글씨가 커서 읽기 편합니다.

- 風邪を引きやすい体質です。
  감기에 걸리기 쉬운 체질입니다.

- 野菜を食べやすい大きさに切ります。
  채소를 먹기 좋은 크기로 자릅니다.

- 地図を見てもその建物はわかりにくい。
  지도를 봐도 그 건물은 알기(찾기) 어렵다.

- このグラスは割れにくいです。
  이 유리컵은 잘 깨지지 않습니다.

**WORDS**
字 글씨, 글자
大きい 크다
読む 읽다
風邪 감기
引く 걸리다
食べる 먹다
大きさ 크기
切る 자르다
わかる 알다, 이해하다
割れる 깨지다

TRACK **068**

### 2  〜すぎる 너무(지나치게) ~하다

'정도가 지나치다, 과도하다'라고 할 때 쓰는 표현으로 「동사 ます형 / 형용사 어간 + すぎる」 형태로 활용합니다.

- カレーを作りすぎました。
  카레를 너무 많이 만들었습니다.

- この病気は飲みすぎが原因です。
  이 병은 과음이 원인입니다.

- 今の会社は残業が多すぎるので、大変です。
  지금 회사는 야근이 너무 많아서 힘들어요.

- あの人はまじめすぎておもしろくありません。
  저 사람은 너무 진지해서 재미가 없어요.

**WORDS**
作る 만들다
飲みすぎ 과음
原因 원인
残業 잔업, 야근
多い 많다
大変だ 힘들다, 큰일이다
まじめだ 성실하다, 진지하다
おもしろい 재미있다

TRACK **069**

## 3  ～ため(に)  ~위해, ~위해서 [목적]

어떤 행위의 목적을 나타낼 때 쓰는 표현으로 「동사 기본형 / 명사 + の」 뒤에 「ため(に)」를 연결합니다. 「～ため(に)」는 '~때문에'라는 이유나 원인을 나타내는 표현으로 사용되는 경우도 있는데, 문맥에 따라 구분할 수 있습니다. (UNIT15-141p 참고)

- 日本の会社で働くために、日本語を勉強しています。
  일본 회사에서 일하기 위해서 일본어를 공부하고 있습니다.

- 海外旅行をするために、アルバイトをしている。
  해외여행을 하기 위해 아르바이트를 하고 있다.

- 来週のプレゼンテーションのために、資料を作りました。
  다음 주 프레젠테이션을 위해 자료를 만들었습니다.

- 健康のため、毎日ジョギングをしています。
  건강을 위해 매일 조깅을 하고 있습니다.

- ダイエットのために食事を減らした。
  다이어트를 위해 식사를 줄였다.

- 結婚のために貯金を始めた。
  결혼을 위해 저금을 시작했다.

- 雨が降ったため、道路が歩きにくいです。
  비가 내렸기 때문에 도로가 걷기 어려워졌습니다. [이유·원인]

- 早く出発したために電車もすいていました。
  일찍 출발했기 때문에 전철도 (자리가) 비어 있었습니다. [이유·원인]

- 台風のため、飛行機は全部止まってしまった。
  태풍 때문에 비행기는 전부 멈추고 말았다. [이유·원인]

- 子どもたちのために毎日が楽しくなりました。
  아이들 때문에(덕분에) 매일 즐거워졌습니다. [이유·원인]

**WORDS**

働く 일하다
勉強する 공부하다
毎日 매일
減らす 줄이다
始める 시작하다
降る (비·눈 등이) 내리다
歩く 걷다
～にくい ~(하)기 어렵다
出発する 출발하다
すく 비다
全部 전부, 모두
止まる 멈추다
楽しい 즐겁다
～くなる ~해지다, ~어지다

UNIT 10 오렌지색

## 실력 CHECK

**1** 다음 단어를 어떻게 읽는지 히라가나로 쓰고 뜻도 써 보세요.

> 보기
> 名前 　 なまえ 　 이름

(1) 自分 　 _____ 　 _____

(2) 印象 　 _____ 　 _____

(3) 結果 　 _____ 　 _____

(4) 落ち着く 　 _____ 　 _____

**2** 다음 문장을 완성해 보세요.

(1) 車を買う _____ お金を貯めています。
차를 사기 위해서 돈을 모으고 있습니다. (貯める 모으다, 저축하다)

(2) 子どもたち _____ 家族旅行を計画しました。
아이들을 위해 가족 여행을 계획했습니다.

(3) 宿題が _____ 大変です。
숙제가 너무 많아서 힘들어요.

(4) 先週は _____ ほかのことは何もできなかった。
지난주는 너무 바빠서 다른 일은 아무 것도 할 수 없었다.

**3** 학습한 표현을 사용하여 자유롭게 답해 보세요.

(1) 一番利用しやすい交通は何ですか。
가장 이용하기 좋은 교통은 무엇인가요?

(「～が ～やすい」를 넣어서)

(2) 日本を旅行した時、不便なことは何でしたか。
일본을 여행했을 때 불편한 점은 무엇이었습니까?

(「～が ～にくい」를 넣어서)

**4** STORY 본문의 내용을 잘 이해했는지 ○, ✕로 체크해 봅시다.

(1) 첫 만남에서는 노란색을 착용하는 것이 좋다고 말하고 있다.  ○ ✕

(2) 검은색은 차분하고 안정감이 드는 색이다.  ○ ✕

(3) 빨간색은 화려하고 에너지가 넘치는 느낌이다.  ○ ✕

(4) 파란색은 우울한 이미지가 있다.  ○ ✕

따라 써 보기

　初めて行くパーティーで、初めての人と会うのは少し緊張しますね。自分からどんどん話しかけて新しい友だちが作れる人はいいのですが、そうではない人もいると思います。知り合いもあまりいないパーティーに行かなければならないことになると、とてもつらいと思います。

　初めての人にいい印象を与えて、話しかけやすくしてくれる魔法の色があるのを知っていますか。　それは「オレンジ色」です。

　ある調査によると、パーティーや集まりなどで、初めてだれかに会う時、いいイメージを与えるためには「オレンジ色」の服を着たらいいという結果が出たそうです。

　「黄色」は明るいけど、軽すぎるイメージがあるし、「青」は冷たくて、話しかけにくい感じがするけど、「オレンジ」は「赤」ほど強くなく、「青」ほど冷たくないちょうどいい感じなので、初めての人でも話しかけやすい印象を与えるのだそうです。

　ほかにも色にはいろいろなイメージがあります。例えば、「白」は清潔で、新鮮で気持ちいいイメージ、「黒」はミステリアスでおしゃれ、「青」はクールなイメージ、「赤」は派手で、エネルギッシュな感じ、「緑」は落ち着いて安心感のあるイメージです。

自分のイメージに合った服を着て、初めて行くパーティーを楽しんでみるのもいいと思います。

## 📖 コラム 칼럼

### 이건 어떤 색일까요?

우리가 흔히 아는 색이름 말고도 일본에서는 옛날부터 사용하는 전통적인 색이름이 있습니다. 가끔 일상생활에서 등장할 경우가 있는데, 어떤 색인지 함께 알아봅시다.

#### 식물 이름에서 유래한 색

|  |  |  |  |
|---|---|---|---|
| あかね色 | すみれ色 | ふじ色 | もえぎ色 |
| 꼭두서니꽃색, 짙은 붉은색 | 제비꽃색, 짙은 보라색 | 등나무꽃색, 연보라색 | 풀색, 연노랑색 |

|  |  |  |  |
|---|---|---|---|
| やまぶき色 | だいだい色 | わかくさ色 | わかば色 |
| 황매화나무색, 황금색 | 오렌지색, 귤색, 주황색 | 어린 풀색, 선명한 연두색 | 새잎색, 부드러운 연두색 |

#### 동물 이름에서 유래한 색

|  |  |  |
|---|---|---|
| うぐいす色 | きつね色 | ねずみ色 |
| 휘파람새(꾀꼬리)색, 녹갈색 | 여우색, 옅은 갈색 | 쥐색, 회색 |

#### 광물 이름에서 유래한 색

|  |  |  |
|---|---|---|
| こはく色 | るり色 | れんが色 |
| 호박색 | 칠보석색, 자색을 띤 남색 | 벽돌색, 탁한 적갈색 |

(※ 인쇄 상태에 따라 정확한 색상이 구현되지 않을 수 있으니 인터넷에서 색이름으로 검색해 보세요.)

## UNIT 11

# 数え方
### かぞ かた

수를 세는 법

---
**주요 학습 문형**

- **〜ので** ~여서, ~므로, ~니까, ~때문에
- **〜のに** ~는데(도), ~인데(도)
- **〜てほしい** ~해 주길 바란다, ~해 주면 좋겠다

## STORY 읽기

1. 日本には動物が出てくることわざや慣用句が多いです。例えば、「ねこの手も借りたい」というのは、とても忙しいので、だれでもいいから手伝ってほしいという意味です。また、「馬の耳に念仏」というのは、いくらお坊さんがありがたいお話をしても、馬は意味がわからないので、むだだという意味です。

2. ところで、動物を数える時は何と数えるのでしょうか。例えば、ねこや犬のような小さい動物は「一匹、二匹…」と数えます。では、牛や馬のように大きい動物を数える時も、「一匹、二匹…」と数えるのでしょうか。

3. ふつう日本では牛や馬などの大きい動物を数える時、「一頭、二頭…」と数えます。実は、「匹」というのはもともと馬を数える時にも使っていました。ところが、西洋の文化が入ってきて、英語の影響を受けました。それで、人間が抱きかかえられないほどの大きさの動物を数える時は、「一頭、二頭…」と数えるようになったのです。

4. ウサギの数え方もユニークです。スズメやハトなどの鳥は、「一羽、二羽…」と数えますが、ウサギは鳥でもないのに、「〜匹」ではなく「〜羽」で数えます。どうしてそうなったのかについて、いろいろな話はありますが、その中でも仏教の影響だという話が一般的です。仏教では四つ足の動物を食べるのはタブーだったので、ウサギをまるで鳥のように考えて、そう数えるようになったそうです。

5. ほかにどのような数え方があるのか、みなさんも調べてみてはいかがでしょうか。

1 일본에는 동물이 나오는 속담이나 관용구가 많습니다. 예를 들면, '고양이 손도 빌리고 싶다'는 것은 너무 바빠서 누구라도 좋으니까 도와 달라는 의미입니다. 또 '말의 귀에 염불'이라고 하는 것은 아무리 스님이 감사한 말씀을 해도 말은 의미를 모르기 때문에 소용없다는 의미입니다.

2 그런데 동물을 셀 때는 뭐라고 세는 것일까요? 예를 들면, 고양이나 개와 같은 작은 동물은 '한 마리(匹), 두 마리(匹)…'라고 셉니다. 그럼 소나 말처럼 큰 동물을 셀 때도 '한 마리(匹), 두 마리(匹)…'라고 셀까요?

3 보통 일본에서는 소나 말 등의 큰 동물을 셀 때 '한 필(頭), 두 필(頭)…'이라고 셉니다. 실은 '마리(匹)'라는 것은 원래 말을 셀 때에도 사용했습니다. 그런데 서양 문화가 들어오면서 영어의 영향을 받았습니다. 그래서 인간이 끌어안을 수 없을 정도의 크기의 동물을 셀 때는 '한 필(頭), 두 필(頭)…'이라고 세게 된 것입니다.

4 토끼 세는 방법도 특이합니다. 참새나 비둘기 등의 새는 '한 마리(羽), 두 마리(羽)…'로 세는데 토끼는 새도 아닌데 '~마리(匹)'가 아니라 '~마리(羽)'로 셉니다. 왜 그렇게 되었는지에 대해서 여러 가지 이야기는 있지만, 그 중에서도 불교의 영향이라는 이야기가 일반적입니다. 불교에서는 네 발 달린 동물을 먹는 것은 금기였기 때문에 토끼를 마치 새처럼 생각해서 그렇게 세게 되었다고 합니다.

5 그 밖에 어떤 세는 법이 있는지, 여러분도 조사해 보는 건 어떠신가요?

## WORDS

TRACK 073

動物 동물 | ことわざ 속담 | 慣用句 관용구 | ねこ 고양이 | 手 손 | 借りる 빌리다 | ~たい ~고 싶다 | 忙しい 바쁘다 | だれでも 누구라도 | 手伝う 돕다, 거들다 | ~てほしい ~해 주길 바라다 | 意味 의미 | 馬 말 | 耳 귀 | 念仏 염불 | いくら 아무리 | お坊さん 스님 | ありがたい 감사하다 | お話 말씀 | わかる 알다, 이해하다 | むだだ 헛되다, 소용없다 | ところで 그런데 | 数える 세다, 셈하다 | 何と 뭐라고 | 犬 개 | 小さい 작다 | ~匹 ~마리(동물을 세는 말) | 牛 소 | 大きい 크다 | ふつう 보통, 일반적으로 | ~頭 ~마리, ~필 | 実は 실은, 사실은 | 使う 쓰다, 사용하다 | ところが 그런데, 그러나 | 西洋 서양 | 文化 문화 | 入る 들어가다, 들어오다 | 英語 영어 | 影響 영향 | 受ける 받다 | それで 그래서 | 人間 인간 | 抱きかかえる 끌어안다, 껴안다 | 大きさ 크기 | ウサギ 토끼 | ユニーク 유니크, 독특함, 특이함 | スズメ 참새 | ハト 비둘기 | 鳥 새 | ~羽 ~마리(조류를 세는 말) | ~について ~에 대해(서) | いろいろな 여러 가지, 다양한 | 仏教 불교 | 一般的 일반적 | 四つ足 네 발 짐승 | タブー 터부, 금기 | まるで ~のように 마치 ~인 것처럼 | 考える 생각하다 | どのような 어떠한, 어떤 | 数え方 (수를) 세는 법 | 調べる 조사하다, 알아보다

## 문형 CHECK

**TRACK 074**

### 1  〜ので  ~여서, ~므로, ~니까, ~때문에

원인이나 이유를 나타낼 때 쓰는 표현으로 「동사・い형용사의 보통형 + ので」, 「な형용사의 어간・명사 + なので」 형태로 활용합니다. 「〜です・〜ます + ので」처럼 정중형에 붙여 쓸 수도 있으며, 격의 없는 회화에서는 「〜から」를 쓰기도 합니다.

- 仕事が終わったので、そろそろ家に帰ります。
  일이 끝났기 때문에, 이제 슬슬 집에 돌아가겠습니다.

- 東京に住んでいるので、一度遊びに来てください。
  도쿄에 살고 있으니 한번 놀러 오세요.

- この本、おもしろいので、ぜひ読んでみてください。
  이 책 재미있으니까 꼭 읽어 보세요.

- コーヒーが好きなので、よく飲みます。
  커피를 좋아해서 자주 마십니다.

- 土曜日なので、学校に行きません。
  토요일이기 때문에 학교에 가지 않습니다.

**WORDS**

終わる 끝나다
帰る 돌아가다, 돌아오다
住む 살다
遊びに来る 놀러 오다
おもしろい 재미있다
読む 읽다
好きだ 좋아하다
飲む 마시다
行く 가다

**TRACK 075**

### 2  〜のに  ~는데(도), ~인데(도)

앞뒤로 대비되는 내용을 나타내거나 예상했던 것과 다른 결과임을 나타낼 때 쓰는 표현입니다. 「동사・い형용사의 보통형 + のに」, 「な형용사의 어간・명사 + なのに」 형태로 활용합니다.

- エアコンをつけているのに、暑いです。
  에어컨을 켰는데도 더워요.

- 寒いのに、アイスコーヒーを飲んでいます。
  추운데도 아이스커피를 마시고 있어요.

- 彼はハンサムなのに、彼女がいません。
  그는 잘생겼는데도 여자 친구가 없어요.

- あの人は歌手なのに、歌が下手です。
  저 사람은 가수인데도 노래를 잘 못해요.

**WORDS**

つける 켜다
暑い 덥다
寒い 춥다
ハンサムだ 잘생겼다
彼女 그녀, 여자 친구
下手だ 잘 못하다, 서툴다

## 3 ~てほしい ~해 주길 바란다, ~해 주면 좋겠다

상대방이나 그 외의 다른 사람에게 무엇인가를 요구하거나 바랄 때 사용하는 표현입니다. 무엇인가를 하지 않기를 바랄 때는 「~ないでほしい ~하지 않기를 바란다」 형태로 씁니다.

- 何かあったら、すぐに知らせてほしい。
  무슨 일이 있으면, 즉시 알려 주었으면 해.

- これだけはわかってほしい。
  이것만은 알아 주었으면 좋겠어.

- もう少し静かにしてほしいです。
  좀 더 조용히 해 주었으면 좋겠어요.

- 一日も早く元気になってほしいです。
  하루 빨리 건강해졌으면 좋겠습니다.

- だれにも言わないでほしい。
  아무에게도 말하지 않으면 좋겠어.

- 明日は雨が降らないでほしい。
  내일은 비가 오지 않으면 좋겠다.

- 昨日のことはどうか忘れてほしい。
  어제 일은 제발 잊었으면 해.

- 同じ失敗はもうしないでほしい。
  같은 실수는 더 이상 하지 말았으면 해.

- 冬の登山は危ないから行かないでほしいです。
  겨울 등산은 위험하니까 가지 말았으면 좋겠습니다.

- 健康に悪いからタバコは吸わないでほしい。
  건강에 해로우니까 담배는 피우지 말았으면 해.

**WORDS**

- すぐに 곧, 즉시
- 知らせる 알리다
- ~だけ ~만, ~만큼
- わかる 알다, 이해하다
- もう少し 좀 더
- 静かだ 조용하다
- 早く 빨리
- 元気だ 건강하다
- 言う 말하다
- 降る (비·눈 등이) 내리다
- どうか 제발, 부디
- 忘れる 잊다
- 同じだ 같다, 동일하다
- 失敗 실패, 실수
- もう 이제, 더 (이상)
- 危ない 위험하다
- 悪い 나쁘다
- 吸う 들이마시다, 피우다

## 실력 CHECK

**1** 다음 단어를 어떻게 읽는지 히라가나로 쓰고 뜻도 써 보세요.

> 보기
> 名前   　なまえ　   이름

(1) 数える   _____

(2) 借りる   _____

(3) 手伝う   _____

(4) 調べる   _____


**2** 다음 문장을 완성해 보세요.

(1) このカフェは_____ので、本を読む人が多い。
이 카페는 조용하기 때문에 책을 읽는 사람이 많다. (静かだ 조용하다)

(2) _____仕事が忙しくて休めません。
감기인데도 일이 바빠서 쉴 수 없습니다.

(3) 明るくなるまでここに一緒に_____。
날이 밝아질 때까지 여기에 같이 있어 주면 좋겠어.

(4) これ以上親を_____。
더 이상 부모님을 걱정시키지 말았으면 합니다. (心配させる 걱정시키다)

**3** 학습한 표현을 사용하여 자유롭게 답해 보세요.

(1) 両親（りょうしん）が留学（りゅうがく）に反対（はんたい）しています。どうしてですか。
　　부모님이 유학을 반대하고 있습니다. 어째서일까요?

（「〜ので / 〜なので」를 넣어서）

(2) 家族（かぞく）のだれかにお願（ねが）いしたいことがありますか。
　　가족 누군가에게 부탁하고 싶은 것이 있습니까?

（「〜て(で)ほしい」를 넣어서）

**4** STORY 본문의 내용을 잘 이해했는지 O, X로 체크해 봅시다.

(1) '고양이 손도 빌리고 싶다'는 너무 바쁠 때 쓰는 표현이다.　　O　X

(2) 고양이나 개를 셀 때는 「〜頭（とう）」를 사용한다.　　O　X

(3) 참새나 비둘기 같이 새를 셀 때는 「〜羽（わ）」를 쓴다.　　O　X

(4) 토끼를 「〜羽（わ）」로 세는 것은 불교의 영향이라는 설이 일반적이다.　　O　X

日本には動物が出てくることわざや慣用句が多いです。例えば、「ねこの手も借りたい」というのは、とても忙しいので、だれでもいいから手伝ってほしいという意味です。また、「馬の耳に念仏」というのは、いくらお坊さんがありがたいお話をしても、馬は意味がわからないので、むだだという意味です。

ところで、動物を数える時は何と数えるのでしょうか。例えば、ねこや犬のような小さい動物は「一匹、二匹…」と数えます。では、牛や馬のように大きい動物を数える時も、「一匹、二匹…」と数えるのでしょうか。

ふつう日本では牛や馬などの大きい動物を数える時、「一頭、二頭…」と数えます。実は、「匹」というのはもともと馬を数える時にも使っていました。ところが、西洋の文化が入ってきて、英語の影響を受けました。それで、人間が抱きかかえられないほどの大きさの動物を数える時は、「一頭、二頭…」と数えるようになったのです。

ウサギの数え方もユニークです。スズメやハトなどの鳥は、「一羽、二羽…」と数えますが、ウサギは鳥でもないのに、「〜匹」ではなく「〜羽」で数えます。どうしてそうなったのかについて、

いろいろな話はありますが、その中でも仏教の影響だという話が一般的です。仏教では四つ足の動物を食べるのはタブーだったので、ウサギをまるで鳥のように考えて、そう数えるようになったそうです。

ほかにどのような数え方があるのか、みなさんも調べてみてはいかがでしょうか。

## 숫자 세는 법, 그리 호락호락하지 않다!

동물의 숫자는 기본적으로 「~匹 ~마리」로 센다고 배웠습니다. 그러나 실생활에서는 사실 이보다 더 다양한 표현들이 존재합니다.

일본어 교재에서는 절대 나오지 않는 '숫자 세는 단위'를 지금부터 몇 가지 소개해 드리겠습니다.

물고기도 '동물'의 한 종류이기 때문에 기본적으로 「~匹 ~마리」를 씁니다. 그런데 광어나 가자미처럼 납작한 것은 「1枚, 2枚… 한 장, 두 장」이라고 세기도 합니다. 만약 식재료로 나오는 생선이라면 「1尾, 2尾… 일 미, 이 미」라고 세는 경우도 있습니다. 그리고 오징어나 문어, 게와 같이 몸통이 둥글고 안에 물 등을 부을 수 있는 경우에는 잔이나 둥근 그릇처럼 생겼다고 해서 「1杯, 2杯…」라고 세기도 합니다.

그럼, 우동 사리(동그랗게 포개어 감은 뭉치)를 셀 때는 뭐라고 할까요? 보통 1인분의 양을 「~玉」로 표현하기 때문에 「1玉, 2玉… 한 사리, 두 사리」라고 세는데, 이는 양배추를 셀 때도 마찬가지입니다. 그러나 배추는 「1株, 2株… 한 포기, 두 포기」라고 셉니다.

두부의 경우 「1丁, 2丁… 한 모, 두 모」라고 하기 때문에 '두부 한 모 주세요!'라고 할 때는 「豆腐1丁ください！」라고 하시면 됩니다.

여기서 퀴즈입니다. 젓가락을 셀 때는 어떤 단위를 쓸까요?

가늘고 긴 물건이니까 「1本, 2本…」이라고 할 것 같지만 아닙니다! 정답은 「1膳 (좌우 두 개를 한 세트로), 2膳… 한 매(쌍), 두 매(쌍)」이라고 합니다.

이처럼 사물을 세는 방법은 우리가 책에서 배운 것보다 훨씬 많이 있습니다. 그러나 하나하나 일부러 외워 둘 필요는 없고 나올 때마다 자연스럽게 지식으로서 습득해 나가는 것만으로도 충분합니다.

영상 보기

UNIT 12

# 話し言葉と書き言葉

구어체와 문어체

---주요 학습 문형---

- ～と ~(하)면
- ～てはいけない ~해서는 안 된다
- ～なければならない ~하지 않으면 안 된다, ~해야 한다

## STORY 읽기

1. 言葉には、「話し言葉」と「書き言葉」の2種類があります。ふだん友だちと話したりする時に使う言葉を「話し言葉」と言います。日常的に使っている「話し言葉」で作文をすると、カジュアルで軽い感じの文章になります。

2. それに対して、読むことを考えて文章を書く時には基本的に「書き言葉」を使います。「書き言葉」を使って作文をすると、まじめで信頼感のある文章になります。では、「話し言葉」と「書き言葉」にはどのような違いがあるのでしょうか。例えば、話す時は「いっぱい」をよく使いますが、書く時は「多く」または「たくさん」と書きます。「でも」、「けど」は「しかし」、「だが」を使います。

3. 話し言葉では、「～じゃない」と使いますが、書き言葉では「～ではない」と書きます。

4. 一つの文章に「話し言葉」と「書き言葉」を混ぜて使ってはいけないというルールがあります。また、ビジネス文書などでは「書き言葉」を使わなければなりません。ビジネスメールなどを書く時に「話し言葉」で書くのはNGなので、メールを送る前にちゃんとチェックしてみてください。

1 말에는 '구어체'와 '문어체' 두 종류가 있습니다. 보통 친구들과 이야기할 때에 쓰는 말을 '구어체'라고 합니다. 일상적으로 사용하고 있는 '구어체'로 작문을 하면 캐주얼하고 가벼운 느낌의 문장이 됩니다.

2 그에 비해 읽는 것을 생각해서 문장을 쓸 때에는 기본적으로 '문어체'를 사용합니다. '문어체'를 사용해서 작문을 하면 성실하고 신뢰감 있는 문장이 됩니다. 그럼 '구어체'와 '문어체'에는 어떤 차이가 있는 것일까요? 예를 들면, 말할 때는 「いっぱい」를 자주 쓰지만, 쓸 때는 「多く」 또는 「たくさん」이라고 씁니다. 「でも」, 「けど」는 「しかし」, 「だが」를 씁니다.

3 구어체에서는 「〜じゃない」라고 쓰지만 문어체에서는 「〜ではない」라고 씁니다.

4 한 문장에 '구어체'와 '문어체'를 섞어서 사용해서는 안 된다는 규칙이 있습니다. 또, 비즈니스 문서 등에서는 '문어체'를 사용해야 합니다. 비즈니스 메일 등을 쓸 때에 '구어체'로 쓰는 것은 NG이므로 메일을 보내기 전에 잘 체크해 보세요.

## WORDS

TRACK 080

言葉(ことば) 말, 언어 | 話し言葉(はなしことば) 구어체 | 書き言葉(かきことば) 문어체 | 種類(しゅるい) 종류 | ふだん 평소, 평상시 | 話(はな)す 말하다, 이야기하다 | 使(つか)う 쓰다, 사용하다 | 日常的(にちじょうてき) 일상적 | 作文(さくぶん) 작문, 글을 지음 | カジュアル 캐주얼 | 軽(かる)い 가볍다 | 感(かん)じ 느낌 | 文章(ぶんしょう) 문장, 글 | それに対(たい)して 그에 비해, 그에 반해 | 読(よ)む 읽다 | 考(かんが)える 생각하다 | 書(か)く 쓰다, 적다 | 基本的(きほんてき) 기본적 | まじめだ 성실하다, 착실하다 | 信頼感(しんらいかん) 신뢰감 | では 그럼 | どのような 어떤, 어떠한 | 違(ちが)い 다름, 차이 | いっぱい 가득, 잔뜩 | よく 잘, 자주 | 多(おお)く 많이 | または 또는 | たくさん 많이 | でも 그래도, 그런데, 그렇지만 | けど 그렇지만, 그러나 | しかし 그러나, 그렇지만 | だが 그러나, 그렇지만 | 一(ひと)つ 하나, 한 개, 한 | 混(ま)ぜる 섞다, 혼합하다 | 〜てはいけない ~해서는 안 된다 | ルール 룰, 규칙 | ビジネス 비즈니스 | メール 메일 | 送(おく)る 보내다 | 〜前(まえ)に ~전에 | ちゃんと 제대로, 정확하게, 잘 | チェックする 체크하다, 확인하다

## 문형 CHECK

### 1  ～と  ~(하)면

UNIT 02에서도 간단히 다룬 문형으로, '~하면 반드시 이런 일이 일어난다'라는 표현을 할 때 사용하며 「동사 기본형 + と」 형태로 씁니다. '~하지 않으면 ~할 수 없다'라는 표현을 할 때는 「동사 ない형 + ～ないと」 형태로 씁니다.

- この道をまっすぐ行くと、病院があります。
  이 길을 곧장 가면 병원이 있습니다.

- このボタンを押すと、ドアが開きます。
  이 버튼을 누르면 문이 열립니다.

- あの信号を右に曲がるとスーパーが見えます。
  저 신호등을 오른쪽으로 꺾으면 슈퍼가 보입니다.

- 朝、5時を過ぎると明るくなってきます。
  아침에 5시를 지나면 날이 밝아 옵니다.

- 冬になると、暗くなるのが早くなります。
  겨울이 되면 어두워지는 것이 빨라집니다.

- ここにお金を入れると、切符が出てきます。
  이곳에 돈을 넣으면 표가 나옵니다.

- 私は電気を消さないと、寝ることができません。
  저는 불을 끄지 않으면 잘 수가 없습니다.

- 10時までに出発しないと飛行機に乗れません。
  10시까지 출발하지 않으면 비행기를 탈 수 없습니다.

- 2階に上がると右の方にエレベーターが見えます。
  2층으로 올라가면 오른쪽에 엘리베이터가 보입니다.

- エスカレーターは人が近づくと動き始めます。
  에스컬레이터는 사람이 다가가면 움직이기 시작합니다.

**WORDS**

まっすぐ 곧장, 똑바로
行く 가다
押す 누르다, 밀다
開く 열리다
曲がる 굽다, 돌다
見える 보이다
過ぎる 지나다, 넘다
明るい 밝다
暗い 어둡다
早い 이르다, 빠르다
入れる 넣다
切符 표, 티켓
出る 나가다, 나오다
消す 끄다
寝る 자다
できる 할 수 있다
出発する 출발하다
～に乗る ~을/를 타다
上がる 오르다, 올라가다
近づく 다가가다, 접근하다
動く 움직이다
始める 시작하다

🔊 음성 듣기

TRACK **082**

## 2 〜てはいけない ~해서는 안 된다

어떤 행위에 대해 금지하거나 주의를 줄 때 쓰는 표현입니다. 회화에서는 「〜ては·では」를 「〜ちゃ·じゃ」로 쓰는 경우가 많습니다.

- ここで写真を撮ってはいけません。
  여기서 사진을 찍어서는 안 됩니다.

- ごみを捨ててはいけないと書いてあります。
  쓰레기를 버려서는 안 된다고 쓰여 있습니다.

- 廊下を走っちゃだめ。 복도를(복도에서) 뛰면 안 돼.

- お酒を飲んじゃだめ。 술을 마시면 안 돼.

- そんなこと言っちゃ困るよ。 그런 말 하면 곤란해.

**WORDS**

写真 사진
撮る 찍다, 촬영하다
捨てる 버리다
書く 쓰다, 적다
廊下 복도
走る 달리다
飲む 마시다
言う 말하다
困る 곤란하다

TRACK **083**

## 3 〜なければならない ~하지 않으면 안 된다, ~해야 한다

사회 통념상 하지 않으면 안 되거나 상식적인 일, 의무 등을 나타내는 표현입니다. 회화에서는 「〜なければ」를 「〜なきゃ」로 쓰는 경우가 많습니다.

- 家に帰って宿題をしなければなりません。
  집에 가서 숙제를 하지 않으면 안 됩니다(해야 합니다).

- 約束は守らなければなりません。
  약속은 지키지 않으면 안 됩니다(지켜야만 합니다).

- 結婚式ではスーツを着なければなりません。
  결혼식에서는 정장을 입지 않으면 안 됩니다(입어야 합니다).

- 薬を飲まなきゃだめだよ。 약을 먹지 않으면 안 돼(먹어야 돼).

- 明日、朝早いからもう寝なきゃ。
  내일 아침 일찍이니까(일찍 일어나야 하니까) 이제 자야지.

**WORDS**

帰る 돌아가다, 돌아오다
守る 지키다
着る 입다
寝る 자다

## 실력 CHECK

**1** 다음 단어를 어떻게 읽는지 히라가나로 쓰고 뜻도 써 보세요.

> **보기**
> 名前　✎　なまえ　　　이름

(1) 種類　✎ _____

(2) 違い　✎ _____

(3) 軽い　✎ _____

(4) 混ぜる　✎ _____

**2** 다음 문장을 완성해 보세요.

(1) この道をまっすぐ_____コンビニがあります。

　　이 길을 곧장 가면 편의점이 있어요.

(2) 今月末までに_____ポイントはすべて無効になります。

　　이번 달말까지 쓰지 않으면 포인트는 모두 무효가 됩니다.

(3) 授業中にスマホを_____。

　　수업 중에 스마트폰을 꺼내서는 안 됩니다. (出す 내다, 꺼내다)

(4) お酒を飲んだら絶対に_____。

　　술을 마셨다면 절대로 운전해서는 안 됩니다. (運転する 운전하다)

## 3  학습한 표현을 사용하여 자유롭게 답해 보세요.

(1) 美術館や博物館で「してはいけない」ことは何ですか。
미술관이나 박물관에서 '해서는 안 되는' 것은 무엇입니까?

(「～ては(では)いけません」을 넣어서)

(2) 今週は何をしなければなりませんか。
이번 주는 무엇을 하지 않으면 안 됩니까(무엇을 해야 합니까)?

(「～を ～なければなりません」을 넣어서))

## 4  STORY 본문의 내용을 잘 이해했는지 ○, ✕로 체크해 봅시다.

(1) 말에는 구어체와 문어체가 있다.　　　　　　　　　　○　✕

(2) 글을 쓸 때에는 기본적으로 구어체를 사용한다.　　　○　✕

(3) 문장에서는 「多く」나「たくさん」대신「いっぱい」를 쓴다.　○　✕

(4) 한 문장에서 구어체와 문어체를 섞어서 사용하지 않는 것이 좋다.　○　✕

**따라 써 보기**

　言葉には、「話し言葉」と「書き言葉」の2種類があります。ふだん友だちと話したりする時に使う言葉を「話し言葉」と言います。日常的に使っている「話し言葉」で作文をすると、カジュアルで軽い感じの文章になります。

　それに対して、読むことを考えて文章を書く時には基本的に「書き言葉」を使います。「書き言葉」を使って作文をすると、まじめで信頼感のある文章になります。では、「話し言葉」と「書き言葉」にはどのような違いがあるのでしょうか。例えば、話す時は「いっぱい」をよく使いますが、書く時は「多く」または「たくさん」と書きます。「でも」、「けど」は「しかし」、「だが」を使います。

　話し言葉では、「〜じゃない」と使いますが、書き言葉では「〜ではない」と書きます。

一つの文章に「話し言葉」と「書き言葉」を混ぜて使ってはいけないというルールがあります。また、ビジネス文書などでは「書き言葉」を使わなければなりません。ビジネスメールなどを書く時に「話し言葉」で書くのはNGなので、メールを送る前にちゃんとチェックしてみてください。

## コラム 칼럼

### 구어체와 문어체의 차이

우리가 서로 말할 때, 상대방과 어떤 관계이냐에 따라 표현 방법이나 대화의 분위기가 달라집니다. 하지만 그 기준은 주관적일 수 있고 엄격하게 구분하기가 어려울 수도 있습니다. 간단하게 정의하자면 '구어체'란 일상적인 대화에서 쓰는 말투이고 '문어체'란 글에서 주로 쓰거나 스피치(연설), 보고, 프레젠테이션 등 공적인 자리에서 쓰는 말투입니다.

구어체와 문어체를 몇 가지 비교해 봅시다.

| 구분 | 구어체 | 문어체 |
|---|---|---|
| 의문 | どうして / なんで 어째서, 왜<br><br>どんな 어떤, 어떠한<br><br>どっち 어디, 어느 쪽 | なぜ 어째서, 왜<br><br>どのような 어떤, 어떠한<br><br>どちら 어디, 어느 쪽 |
| 지시 | こっち / そっち / あっち<br>이쪽, 여기 / 그쪽, 거기 / 저쪽, 저기<br><br>こんな / そんな / あんな<br>이런 / 그런 / 저런<br><br>こんなに / そんなに / あんなに<br>이렇게 / 그렇게 / 저렇게 | こちら / そちら / あちら<br>이쪽, 여기 / 그쪽, 거기 / 저쪽, 저기<br><br>このような / そのような / あのような<br>이런, 이러한 / 그런, 그러한 / 저런, 저러한<br><br>これほど / それほど / あれほど<br>이 정도, 이토록 / 그 정도, 그토록 / 저 정도, 저토록 |
| 기타 | ～けど ~지만<br><br>～なんか ~등, ~따위, ~같은 것<br><br>～みたい ~(인) 것 같다<br><br>～って ~라고, ~란 | ～が ~지만<br><br>～など ~등<br><br>～ようだ ~(인) 것 같다<br><br>～と / ～とは / ～というのは<br>~라고 / ~란 / ~라는 것은 |
| 예문 | 昨日はどうして来ませんでしたか。<br>어제는 왜 안 왔어요?<br><br>そんなに早く来なくてもいいでしょう。<br>그렇게 빨리 오지 않아도 되겠죠.<br><br>日曜って忙しいです。<br>일요일은 바빠요. | 昨日はなぜ来なかったのか。<br>어제는 왜 안 왔을까?<br><br>それほど早く来なくてもいいだろう。<br>그렇게 빨리 오지 않아도 되겠지.<br><br>日曜というのは忙しい。<br>일요일은 바쁘다. |

## UNIT 13

### 絵文字
### (えもじ)

그림 문자

---

**주요 학습 문형**

- 〜ば 〜のに  ~면 ~텐데(는데)
- 〜つもりだ  ~(할) 작정이다, 생각이다

## STORY 읽기

1 今の日本語はひらがな、カタカナ、漢字の3種類の文字を使っています。「ひらがな」は、漢字の形を少し変えて簡単にしたもので、「カタカナ」は漢字の一部を取って使い始めたものだと言われています。

2 昔から人は文字を使った言葉では表現できないニュアンスや気持ちを絵で伝えてきました。それが今では「絵文字(emoji)」で気持ちを伝えています。では、「絵文字(emoji)」はどうやって生まれたのでしょうか。

3 今のスマートフォンはメールのやりとりでは文字数の制限はありませんが、ケータイ電話が普及し始めた90年代はテキストだけでやりとりをしていました。当時、日本のあるモバイル会社で働いていた栗田穰崇さんは「テキストだけではケンカする。少ない文字数でコミュニケーションする時に、絵文字があればいいのに。」と思ったそうです。

4 でも開発にかけられる時間はあまりありませんでした。それで、あるメーカーに絵文字の開発を任せるつもりでした。しかしそのメーカーは作ることができなかったので、結局、栗田さん、本人が絵文字を作ることにしました。

5 一番最初に作ったのは「だれが描いても同じ」と思った「傘マーク」だったそうです。次にハートマークや感情を表す顔の絵文字などをどんどん作っていきました。それが、ニューヨークの現代美術館に展示された世界最初の絵文字セットです。そして、今では国際標準の絵文字となり、世界中で使われているのです。

1. 지금의 일본어는 히라가나, 가타카나, 한자의 세 종류의 문자를 사용하고 있습니다. '히라가나'는 한자의 모양을 조금 바꿔서 간단하게 만든 것이고, '가타카나'는 한자의 일부를 따서 사용하기 시작한 것이라고 일컬어지고 있습니다.

2. 예로부터 사람은 문자를 사용한 말로는 표현할 수 없는 뉘앙스나 기분을 그림으로 전해 왔습니다. 그것이 지금은 '그림 문자(emoji)'로 마음을 전하고 있습니다. 그럼 '그림 문자(emoji)'는 어떻게 해서 생겨난 것일까요?

3. 지금의 스마트폰은 메일을(메시지를) 주고받는 데에는 문자 수의 제한은 없지만, 휴대폰이 보급되기 시작한 90년대는 텍스트로만 주고받았습니다. 당시, 일본의 어느 모바일 회사에서 일하고 있던 구리타 시게타카 씨는 '텍스트만으로는 다툰다(다투기 쉽다). 적은 글자 수로 의사소통할 때에 그림 문자가 있으면 좋을 텐데.'라고 생각했다고 합니다.

4. 하지만 개발에 들일 시간은 별로 없었습니다. 그래서 한 업체에 그림 문자 개발을 맡길 생각이었습니다. 그러나 그 업체는 만들 수 없었기 때문에 결국 구리타 씨, 본인이 그림 문자를 만들기로 했습니다.

5. 가장 먼저 만든 것은 '누가 그려도 동일'하다고 생각한 '우산 마크'였다고 합니다. 다음으로 하트 마크나 감정을 나타내는 얼굴 그림 문자 등을 계속 만들어 갔습니다. 그것이 뉴욕의 현대 미술관에 전시된 세계 최초의 그림 문자 세트입니다. 그리고 지금은 국제 표준의 그림 문자가 되어 전 세계에서 사용되고 있는 것입니다.

## WORDS　　TRACK 087

漢字 한자 | 種類 종류 | 文字 문자, 글자 | 形 모양, 형태 | 変える 바꾸다, 고치다 | 簡単だ 간단하다 | 一部 일부 | 取る 따다, 취하다 | 使い始める 쓰기 시작하다 | 表現 표현 | ニュアンス 뉘앙스 | 気持ち 마음, 기분 | 絵 그림 | 伝える 전하다 | 絵文字 그림 문자, 이모지, 이모티콘 | 生まれる 태어나다, 생겨나다 | スマートフォン 스마트폰 | やりとり 주고받음, 교환함 | 文字数 문자 수 | 制限 제한 | ケータイ電話 휴대 전화, 휴대폰 | 普及する 보급하다 | ~し始める ~(하)기 시작하다 | ~年代 ~년대 | テキスト 텍스트 | ~だけ ~만, ~뿐 | 当時 당시 | ある 어느~, 한~ | モバイル 모바일 | 働く 일하다 | ケンカする 싸우다, 다투다 | 少ない 적다 | コミュニケーション 커뮤니케이션, 의사소통 | ~ば ~のに ~면 ~텐데(는데) | 開発 개발 | かける (돈·시간·수고 등을) 들이다 | メーカー 메이커, 제조사, 제조업체 | 任せる 맡기다 | ~つもりだ ~생각(작정)이다 | 結局 결국 | 本人 본인, 당사자 | 最初 최초, 맨 처음 | 作る 만들다 | ~ことにする ~(하)기로 하다 | だれ 누구 | 描く (그림을) 그리다 (「えがく」라고도 읽음) | 同じだ 같다, 동일하다 | 傘 우산 | マーク 마크 | 次に 다음에, 다음으로 | ハート 하트, 마음, 심장 | 感情 감정 | 表す 나타내다, 표현하다 | どんどん 자꾸자꾸, 계속 | ニューヨーク 뉴욕 | 現代美術館 현대미술관 | 展示する 전시하다 | 世界 세계 | セット 세트 | そして 그리고, 그래서 | 国際 국제 | 標準 표준 | 世界中 온 세계, 전 세계 | 使う 쓰다, 사용하다

## 문형 CHECK

TRACK **088**

### 1  ～ば ～のに  ~면 ~텐데(는데)

예상이나 실제와는 다른 결과가 되어 유감스러움을 나타낼 때 쓰는 표현입니다. (가정형「ば」- 151p 참고)

- 田中先生がクラスの担任なら(ば)いいのに。
  다나카 선생님이 반 담임이라면 좋을 텐데.

- 学校が近ければ、ちこくしなかったのに。
  학교가 가까우면 지각하지 않았을 텐데.

- タクシーで行けば間に合ったのに。
  택시로 가면 시간에 맞출 수 있었을 텐데.

- もっと勉強すればよかったのに。
  좀 더 공부하면 좋았을 텐데.

- 彼もパーティーに来ればおもしろかったのに。
  그도 파티에 오면 재미있었을 텐데.

**WORDS**

クラス 클래스, 학급, 반
担任 담임
近い 가깝다
ちこくする 지각하다
間に合う 시간에 맞추다
もっと 더, 좀 더, 더욱
勉強する 공부하다
よい 좋다
来る 오다
おもしろい 재미있다

TRACK **089**

### 2  ～つもりだ  ~(할) 작정이다, 생각이다

'그렇게 할 생각(예정)이다'라고 말할 때 쓰는 표현으로「동사 보통형 + つもりだ」형태로 씁니다.

- これからも日本語の勉強は続けるつもりです。
  앞으로도 일본어 공부는 계속할 생각입니다.

- 彼女の誕生日にネックレスをあげるつもりです。
  여자 친구 생일에 목걸이를 줄 생각입니다.

- 飲み会には参加しないつもりです。
  회식에는 참석하지 않을 생각이에요.

- 今日は早く起きるつもりだったのに、寝坊してしまった。
  오늘은 일찍 일어날 생각이었는데 늦잠 자고 말았다.

- ダイエットするつもりだったが、ケーキを買ってしまった。
  다이어트할 생각이었지만 케이크를 사고 말았다.

**WORDS**

続ける 계속하다
つもり 생각, 작정
彼女 그녀, 여자 친구
あげる 주다
飲み会 회식, 술자리
参加する 참가(참석)하다
起きる 일어나다
寝坊する 늦잠 자다
買う 사다

UNIT 13 그림 문자

## 실력 CHECK

**1** 다음 단어를 어떻게 읽는지 히라가나로 쓰고 뜻도 써 보세요.

> 보기
> 名前　✎ なまえ　　　이름

(1) 表す　✎ _____　_____

(2) 伝える　✎ _____　_____

(3) 制限　✎ _____　_____

(4) 文字　✎ _____　_____


**2** 다음 문장을 완성해 보세요.

(1) あと1,000円だけ_____あのスカートが買えた_____。
1,000엔만 더 있으면 저 스커트를 살 수 있었을 텐데.

(2) 雨が_____、試合は中止にならなかった_____。
비가 오지 않으면 시합은 중지되지 않았을 텐데.

(3) 早く帰って、家で_____です。
빨리 돌아가서 집에서 쉴 작정입니다.

(4) 頭が痛いので、薬局で薬を買って_____です。
머리가 아파서 약국에서 약을 사서 먹을 생각입니다.

**3**  학습한 표현을 사용하여 자유롭게 답해 보세요.

(1) 小さいころ、なりたかったのは何ですか。
   どうすればそうなれたと思いますか。
   어렸을 때, 되고 싶었던 것은 무엇입니까? 어떻게 하면 그렇게 될 수 있었다고 생각합니까?

   (「〜になりたかったです」, 「〜ば〜のに」를 넣어서)

(2) 夏休みは何をするつもりですか。
   여름 방학(여름휴가)에는 무엇을 할 생각입니까?

   (「〜つもりです」를 넣어서)

**4**  STORY 본문의 내용을 잘 이해했는지 O, X로 체크해 봅시다.

(1) 히라가나는 한자의 일부를 따서 사용한 문자이다.   O  X

(2) 그림 문자는 텍스트로 표현하기 어려운 기분이나 뉘앙스를 전할 수 있다.   O  X

(3) 그림 문자의 탄생은 휴대폰 글자 수의 제한과도 관련 있다.   O  X

(4) 최초의 그림 문자는 뉴욕에 있는 한 개발 업체가 만들었다.   O  X

따라 써 보기

　今の日本語はひらがな、カタカナ、漢字の３種類の文字を使っています。「ひらがな」は、漢字の形を少し変えて簡単にしたもので、「カタカナ」は漢字の一部を取って使い始めたものだと言われています。

　昔から人は文字を使った言葉では表現できないニュアンスや気持ちを絵で伝えてきました。それが今では「絵文字（emoji）」で気持ちを伝えています。では、「絵文字（emoji）」はどうやって生まれたのでしょうか。

　今のスマートフォンはメールのやりとりでは文字数の制限はありませんが、ケータイ電話が普及し始めた90年代はテキストだけでやりとりをしていました。当時、日本のあるモバイル会社で働いていた栗田穰崇さんは「テキストだけではケンカする。少ない文字数でコミュニケーションする時に、絵文字があればいいのに。」と思ったそうです。

　でも開発にかけられる時間はあまりありませんでした。それで、あるメーカーに絵文字の開発を任せるつもりでした。しかしそのメーカーは作ることができなかったので、結局、栗田さん、本人が絵文字を作ることにしました。

一番最初に作ったのは「だれが描いても同じ」と思った「傘マーク」だったそうです。次にハートマークや感情を表す顔の絵文字などをどんどん作っていきました。それが、ニューヨークの現代美術館に展示された世界最初の絵文字セットです。そして、今では国際標準の絵文字となり、世界中で使われているのです。

## 그림 문자와 얼굴 문자

휴대 전화에서 메시지를 보낼 때 사용하는 그림 문자(絵文字)와 얼굴 문자(顔文字). 여러분은 그 차이를 아시나요?

**그림 문자**(絵文字 에모지)는 '문자로 취급되는 그림'이고 **얼굴 문자**(顔文字 가오모지)는 문자나 기호를 조합해서 표현하는 얼굴'이라고 생각하시면 됩니다.

그림 문자는 '자연, 사물, 동물, 인간' 등 다양한 모습을 그림으로 형상화한 것이기 때문에 수천 개의 종류가 있습니다. 또한, 얼굴의 표정을 표현하는 데 있어 다양한 기호와 문자를 조합해서 만드는 얼굴 문자도 '얼굴 문자 사전(顔文字辞典)'에 수만 종류가 등록되어 있으며, 누구나 추가로 만들 수도 있다고 합니다.

이렇게 그림 문자와 얼굴 문자의 종류가 많은 만큼 다양한 감정이나 상태를 표현할 수 있지만 상대방이 누구냐에 따라 구별해서 사용해야 한다는 의견도 있습니다. 또래 친구와 손윗사람에게 쓰는 문자를 구별하는 것은 물론, 외국인에게도 주의해서 사용할 필요가 있습니다.

서로간의 문화 차이로 그림을 이해하는 내용이 어긋날 수도 있기 때문입니다.

예를 들어 손바닥을 대고 합장하는 그림은 동양에서는 감사의 마음을 나타내지만 서양에서는 하이파이브를 표현하기 때문에, 메시지의 의미를 다르게 해석할 수도 있습니다.

텍스트로 표현하기 어려운 감정 등을 그림 문자나 얼굴 문자로 대신하는 것이기 때문에, 의미가 정확하게 상대방에게 전달될지는 알 수 없지만, 커뮤니케이션을 부드럽고 매끄럽게 하는 효과가 있는 것만큼은 분명한 것 같습니다.

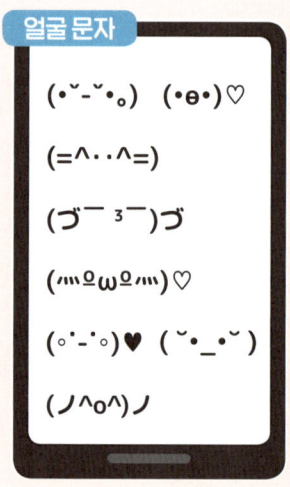

## UNIT 14

# 魚の名前
### さかな　なまえ

물고기 이름

---
주요 학습 문형
---

- ~ことから  ~라고 해서, ~이기 때문에, ~라는 점에서, ~것으로 보아
- ~から ~にかけて  ~부터(에서) ~에 걸쳐

## STORY 읽기

1. みなさんは「サバ」という魚を知っていますか。「サバ」はスーパーで安く買えるので、焼いたり煮たりして食べる家庭料理にはかかせない魚です。その漢字は「魚へん」に「つくり」には「青」と書きます。これは昔の人が作った漢字で、背が青いことから「サバ（鯖）」という漢字になったそうです。また、歯が小さいから、「サバ（狭歯）」と書いたという話もあります。

2. このように魚の名前を表す漢字にはふつう「魚へん」がついています。例えば、「魚へん」に「腹」と書くとお腹が大きくふくらむ「ふぐ（鰒）」、「魚へん」に「堅」と書くと身がしっかりとして、かたい「かつお（鰹）」になります。いろいろな工程を経た鰹をカンナで削ると、出汁をとる材料である「かつおぶし」になります。

3. また、秋によく食べる魚で、まるで刀のように見えるので「さんま（秋刀魚）」、三月に食べるとおいしいので、「つくり」に漢数字の「参」をつけた「あじ（鯵）」などがあります。

4. では、最後にみなさん、ここでクイズです。これはいったいどんな魚でしょうか。

5. 「魚へん」に「雪」と書くこの魚は、その名前の由来も身が雪のように白いことからきていると言われています。12月から2月にかけての冬によく獲れて、まだら模様があり、大きいものは1メートルを超えるので、お腹いっぱい食べられることを意味する「たらふく」の語源にもなりました。さて、どんな魚でしょうか。

1. 여러분은 '고등어'라는 물고기를 알고 있나요? '고등어'는 슈퍼에서 저렴하게 살 수 있기 때문에 굽거나 조리거나 해서 먹는 가정식 요리에는 빼놓을 수 없는 물고기입니다. 그 한자는 「魚 (물고기 어)변」에 한자 오른쪽 부분에는 「青 (푸를 청)」이라고 씁니다. 이것은 옛날 사람이 만든 한자로, 등이 푸르다고 해서 「サバ(鯖)」라는 한자가 되었다고 합니다. 또, 이빨이 작아서 「サバ(狹歯 좁은 이)」라고 썼다는 이야기도 있습니다.

2. 이와 같이 물고기의 이름을 나타내는 한자에는 보통 「魚변」이 붙어 있습니다. 예를 들면, 「魚변」에 「腹 (배 복)」이라고 쓰면 배가 크게 부풀어 오르는 「복어(鰒)」, 「魚변」에 「堅 (굳을 견)」이라고 쓰면 살이 단단하고, 딱딱한 「가다랑어(鰹)」가 됩니다. 여러 가지 공정을 거친 가다랑어를 대패로 깎으면 육수를 우려내는 재료인 '가다랑어포(가쓰오부시)'가 됩니다.

3. 또 가을에 자주 먹는 물고기로 마치 칼처럼 보여서 「꽁치(さんま(秋刀魚))」, 3월에 먹으면 맛있기 때문에 한자 오른쪽 부분에 한자 숫자 「参 (삼)」을 붙인 「전갱이(鯵)」 등이 있습니다.

4. 그럼 마지막으로 여러분, 여기서 퀴즈입니다. 이것은 도대체 어떤 물고기일까요?

5. 「魚변」에 「雪 (눈 설)」이라고 쓰는 이 물고기는, 그 이름의 유래도 살이 눈처럼 하얗다는 것에서 왔다고 일컬어지고 있습니다. 12월부터 2월에 걸친 겨울에 잘 잡히고 얼룩무늬가 있으며 큰 것은 1미터를 넘기 때문에 배불리 먹을 수 있다는 것을 의미하는 「たらふく」의 어원이 되기도 했습니다. 자, 어떤 물고기일까요?

## WORDS

TRACK **093**

サバ(鯖) 고등어 | 魚(さかな) 물고기, 생선 | 知(し)る 알다 | スーパー 슈퍼 | 安(やす)い 싸다, 저렴하다 | 買(か)う 사다 | 焼(や)く 굽다, 태우다 | 煮(に)る 삶다, 조리다 | 食(た)べる 먹다 | 家庭料理(かていりょうり) 가정(식) 요리 | かかせない 빼놓을 수 없다, 없어서는 안 된다 | 漢字(かんじ) 한자 | つくり 한자의 오른쪽 부분 | 青(あお) 파란색, 파랑 | 書(か)く 쓰다, 적다 | 昔(むかし) 옛날 | 作(つく)る 만들다 | 背(せ) 등, 뒷면 | 青(あお)い 파랗다, 푸르다 | ~ことから ~라고 해서, ~라는 점에서 | ~そうだ ~라고 한다 | 歯(は) 이, 이빨 | 小(ちい)さい 작다 | 話(はなし) 이야기 | 名前(なまえ) 이름 | 表(あらわ)す 나타내다, 표현하다 | ふつう 보통 | つく 붙다 | 腹(はら) 배, 복부 | お腹(なか) 배, 복부 | 大(おお)きい 크다 | ふくらむ 부풀다, 불룩해지다 | 鰒(ふぐ) 복어 | 身(み) 몸, 살 | しっかりとする 탄탄하다 | かたい 단단하다, 딱딱하다 | 鰹(かつお) 가다랑어 | 工程(こうてい) 공정 | 経(へ)る 지나다, 거치다 | カンナ 대패 | 削(けず)る 깎다 | 出汁(だし) 맛국물, 육수 | 材料(ざいりょう) 재료 | かつおぶし 가쓰오부시(가다랑어포) | 秋(あき) 가을 | まるで 마치, 흡사 | 刀(かたな) 칼 | 見(み)える 보이다 | さんま(秋刀魚) 꽁치 | 参(さん) 삼, 세 번째 | つける 붙이다 | あじ(鯵) 전갱이 | 最後(さいご) 최후, 마지막 | クイズ 퀴즈 | いったい 대체, 도대체 | どんな 어떤 | 雪(ゆき) 눈 | 由来(ゆらい) 유래 | 白(しろ)い 희다, 하얗다 | ~から ~にかけて ~부터 ~에 걸쳐 | 冬(ふゆ) 겨울 | 獲(と)れる 잡히다 | まだら 얼룩, 반점 | 模様(もよう) 모양, 무늬 | メートル 미터 | 超(こ)える 넘다, 초과하다 | お腹(なか)いっぱい 배부르다 | たらふく 배불리, 배 터지게, 실컷 | 語源(ごげん) 어원 | 鱈(たら) 대구

음성 듣기

## 문형 CHECK

**TRACK 094**

### 1  ～ことから  ~라고 해서, ~이기 때문에, ~라는 점에서, ~것으로 보아

판단의 근거나 이유, 유래 등의 의미를 나타내는 표현으로 「보통형(반말체) + ことから」 형태로 씁니다.

- お店の前に人がたくさん並んでいることから、おいしいお店だとわかる。
  가게 앞에 사람들이 많이 줄을 서 있는 것으로 보아 맛집이라는 것을 알 수 있다.

- 眼鏡をかけていることから、目が悪いということがわかる。
  안경을 쓰고 있는 것으로 보아 눈이 나쁘다는 것을 알 수 있다.

- 彼女は何でも知っていることから、「ものしり博士」と呼ばれている。
  그녀는 모든 것을 알고 있기 때문에 '만물박사'라고 불린다.

- 桜の木が多いことから「桜木町」と名付けられました。
  벚꽃나무가 많아서 '벚나무 마을'이라고 이름이 붙여졌습니다.

- 彼と一緒に行くとよく雨が降ることから、「雨男」と言われている。
  그와 함께 가면 자주 비가 오기 때문에 '비의 남자'라고 불린다.

**WORDS**
- 並ぶ 줄을 서다, 늘어서다
- かける 걸치다, 쓰다
- わかる 알다, 이해하다
- 知る 알다
- ものしり 박식함
- 博士 박사
- 呼ぶ 부르다
- 名付ける 명명하다, 이름 짓다
- 一緒に 함께, 같이
- 行く 가다
- 降る (비・눈 등이) 내리다
- 雨男 비를 몰고 다니는 남자

**TRACK 095**

### 2  ～から～にかけて  ~부터(에서) ~에 걸쳐

시간이나 장소 등의 시작과 끝의 범위를 대략적으로 나타내는 표현입니다.

- 今夜から明日の朝にかけて雪が降るでしょう。
  오늘 밤부터 내일 아침에 걸쳐 눈이 올 거예요.

- 年末から年始にかけてとても忙しいです。
  연말부터 연초에 걸쳐 매우 바쁩니다.

- 九州から大阪にかけて雨が降り続くそうです。
  규슈에서 오사카에 걸쳐 계속 비가 온다고 합니다.

- 事故のため新宿から上野にかけて通行止めになっている。
  사고 때문에 신주쿠에서 우에노에 걸쳐 통행금지가 되어 있다.

**WORDS**
- 今夜 오늘 밤
- 忙しい 바쁘다
- 降り続く 계속 내리다
- 通行止め 통행금지

UNIT 14 물고기 이름

## 실력 CHECK

**1** 다음 단어를 어떻게 읽는지 히라가나로 쓰고 뜻도 써 보세요.

> 보기
> 名前　✎　なまえ　　　이름

(1) 家庭　✎ _____　_____

(2) 焼く　✎ _____　_____

(3) 煮る　✎ _____　_____

(4) 超える　✎ _____　_____


**2** 다음 문장을 완성해 보세요.

(1) ドアが開(あ)いている _____ 、だれかいるのがわかった。
문이 열려 있는 것으로 보아 누군가 있는 것을 알았다.

(2) 大豆(だいず)はタンパク質(しつ)が _____ 「畑(はたけ)の肉(にく)」とも呼(よ)ばれます。
콩은 단백질이 많기 때문에 '밭의 고기'로도 불립니다.

(3) 今晩(こんばん) _____ 明日(あした)の朝(あさ) _____ 風(かぜ)が強(つよ)く吹(ふ)くそうだ。
오늘 밤부터 내일 아침에 걸쳐 바람이 강하게 분다고 한다.

(4) _____ 梅雨(つゆ)になる地域(ちいき)が多(おお)い。
6월부터 7월에 걸쳐 장마가 되는 지역이 많다.

**3** 학습한 표현을 사용하여 자유롭게 답해 보세요.

(1) 日本ではさくらの花がいつごろ咲きますか。
일본에서는 벚꽃이 언제쯤 핍니까?

(「～から ～にかけて」를 넣어서)

(2) ニックネームはありますか。どうしてそのように呼ばれますか。
별명은 있나요? 왜 그렇게 불리나요?

(「～ことから」를 넣어서)

**4** STORY 본문의 내용을 잘 이해했는지 ○, ✕로 체크해 봅시다.

(1) 물고기의 이름을 나타내는 한자에 「魚」자가 붙어 있는 경우가 많다.　　○　✕

(2) 고등어의 이름은 등이 파란 것에서 유래되었다.　　○　✕

(3) 전갱이는 가을에 자주 먹는 물고기로, 생김새가 칼처럼 생겼다.　　○　✕

(4) 「魚변」에 「堅」을 쓰면 살이 단단한 가다랑어를 나타낸다.　　○　✕

따라 써 보기

　みなさんは「サバ」という魚を知っていますか。「サバ」はスーパーで安く買えるので、焼いたり煮たりして食べる家庭料理にはかかせない魚です。その漢字は「魚へん」に「つくり」には「青」と書きます。これは昔の人が作った漢字で、背が青いことから「サバ（鯖）」という漢字になったそうです。また、歯が小さいから、「サバ（狭歯）」と書いたという話もあります。

　このように魚の名前を表す漢字にはふつう「魚へん」がついています。例えば、「魚へん」に「腹」と書くとお腹が大きくふくらむ「ふぐ（鰒）」、「魚へん」に「堅」と書くと身がしっかりとして、かたい「かつお（鰹）」になります。いろいろな工程を経た鰹をカンナで削ると、出汁をとる材料である「かつおぶし」になります。

　また、秋によく食べる魚で、まるで刀のように見えるので「さんま（秋刀魚）」、三月に食べるとおいしいので、「つくり」に漢数字の「参」をつけた「あじ（鯵）」などがあります。

　では、最後にみなさん、ここでクイズです。これはいったいどんな魚でしょうか。

「魚へん」に「雪」と書くこの魚は、その名前の由来も身が雪のように白いことからきていると言われています。12月から2月にかけての冬によく獲れて、まだら模様があり、大きいものは1メートルを超えるので、お腹いっぱい食べられることを意味する「たらふく」の語源にもなりました。さて、どんな魚でしょうか。

## 📖 コラム 칼럼

### 물고기 이름은 어려워요

바다에 사는 생물 중에는 이름에 「魚 (물고기 어)변」이 들어가지 않는 것들도 있습니다.

「海月」은 관연 무엇일까요? 바다 위에 비춰진 달처럼 흔들흔들 떠 있는 이것은 바로 '해파리'를 뜻하며 「くらげ」라고 읽습니다.

그럼 「河豚」는 무엇일까요? 「河」는 '강, 시내'를 뜻하는 것이니 민물고기일까요? 정답은 '복어'입니다. 옛날에 중국에서는 강에 사는 복어가 있었다고 합니다. 앞서 이야기 본문에서 복어를 「鰒(ふぐ)」라고 한다고 하였는데, 「河豚」도 「ふぐ」라고 읽습니다. 복어가 위급한 순간에 몸을 부풀리는데 그 모습이 돼지(豚)와 비슷하여 이와 같이 이름이 붙여졌다고 합니다.

다음은 「烏賊」, 이것은 무엇일가요? 「烏 새 조」에 「賊 도둑 적」이 결합된 이 생물은 바로 '오징어' 즉, 「いか」입니다. 까마귀가 바다에서 떠 있는 오징어를 보고 잡으려고 내려왔더니 오징어가 죽은 척을 했다고 합니다. 까마귀가 오징어를 잡아 올리려는 순간 오징어가 그 발을 잡아서 바닷속으로 끌고 들어갔는데, 까마귀가 이를 알아차렸을 때는 이미 늦었다고 합니다. 이렇게 똑똑한 사냥을 한 생물이 바로 오징어 「烏賊」입니다.

이 외에도 여러분이 잘 아시는 새우는 「海老」라고 쓰고 「えび」라고 읽습니다. 등이 구부러진 모습이 노인과 같다고 하여 '바다의 노인' 즉 「海老」라고 이름이 붙여졌습니다. 그렇다면 '바다의 쥐' 「海鼠」는 무엇일까요? 정답은 '해삼' 「なまこ」입니다. 해삼은 야행성 동물로, 깜깜해지면 바닷속을 쥐처럼 누빈다 하여 쥐에 비유했다는 설이 있습니다. 하나 더 재미있는 이름이 있는데, 「海豚」은 무엇인지 상상이 되시나요? 위에서 「河豚」이 '복어'라고 설명했는데, 바다에도 '돼지(豚)'가 있습니다. 그것은 바로 '돌고래'이며 「いるか」라고 읽는답니다.

이처럼 물고기의 이름을 한자로 쓰면, 이게 어떤 생물인지, 어떻게 읽어야 할지 도무지 감이 안 잡히는 것들이 많이 있습니다.

## UNIT 15

### 初詣
### はつもうで

새해맞이

---

**주요 학습 문형**

- 〜ため(に) ~때문에
- 〜たことがある ~한 적이 있다

## STORY 읽기

1 「明けましておめでとうございます。今年もよろしくお願いいたします」という「お正月」のあいさつを聞いたことがありますか。「お正月」とは、本来1年の最初の月を意味します。

2 また、一月一日から一月三日までを「三が日」といい、新年を祝います。この期間は、家族と一緒に家でのんびり過ごしたり、おせち料理を食べたり、初詣に出かけたりします。

3 「初詣」というのは、年が明けて初めてお寺や神社にお参りすることをいいます。たくさんの人が初詣に行って、神様に今年もよい年でありますように！とお祈りしたり、お寺や神社で「おみくじ」を引いて新しい年の運をうらなったりします。

4 ところが、実は「初詣」という言葉は意外にも鉄道と深い関係があります。もともと江戸時代までは元日の日には出歩かないで、家や地元のお寺や神社にこもり、年神様をお迎えする「年ごもり」の風習がありました。江戸後期になると、元日に家の近くのお寺や神社にお参りする人はいましたが、「初詣」という言葉はなかったそうです。

5 1872(せん・はっぴゃく・ななじゅう・に) (明治5)年、新橋と横浜の間で、鉄道ができました。明治中期になると日曜日や三が日は休むという考えが広まりました。それに、鉄道による交通の便がよくなったため、鉄道に乗って遠くにある有名なお寺や神社まで行く人が増えました。

6 そのにぎわいを新聞は「初詣」というタイトルで記事にし、人気が高まると、鉄道会社は臨時の列車を運行するようになりました。鉄道会社の間で

は乗客を集めるための競争が激しくなり、そこで、1899(せん・はっぴゃく・きゅうじゅう・きゅう)年以降、鉄道会社が「初詣」という言葉を本格的に使って大々的に宣伝したことで、この言葉が広まったのです。

参考：交通新聞社新書『鉄道が変えた社寺参詣』

1. '새해 복 많이 받으세요. 올해도 잘 부탁드립니다'라는 '정월(새해 첫날)'의 인사를 들어본 적이 있나요? '정월'이란, 본래 1년의 첫 번째 달이라는 의미입니다.

2. 또한 1월 1일부터 1월 3일까지를 '상가니찌(정초의 3일간)'라고 하여 새해를 축하합니다. 이 기간은 가족과 함께 집에서 느긋하게 지내거나 오세치 요리를 먹거나, '하쓰모데(새해 첫 참배)'에 나가거나 합니다.

3. '하쓰모데'라고 하는 것은, 새해가 밝고 처음으로 절이나 신사에 참배하는(예를 올리는) 것을 말합니다. 많은 사람들이 참배하러 가서 신에게 올해도 좋은 해가 되게 해 주세요! 하고 기도하거나 절이나 신사에서 '오미쿠지(길흉을 점치는 운세 쪽지)'를 뽑고 새해의 운을 점치거나 합니다.

4. 그런데 실은 '하쓰모데'라는 말은 의외로 철도와 깊은 관련이 있습니다. 원래 에도 시대까지는 새해 첫날에는 돌아다니지 않고 집이나 자신이 사는 지역에 있는 절이나 신사에 틀어박혀 도시가미사마(정월의 신)를 맞이하는 '도시고모리' 풍습이 있었습니다. 에도 시대 후기가 되자 새해 첫날 집 근처의 절이나 신사에 참배하는 사람은 있었지만, '하쓰모데'라는 말은 없었다고 합니다.

5. 1872(메이지 5)년, 신바시와 요코하마 사이에 철도가 생겼습니다. 메이지 시대 중기가 되자 일요일이나 정초 3일(1월 1일 ~ 3일)은 쉰다는 생각이 확산되었습니다. 게다가 철도에 의한 교통편이 좋아졌기 때문에 철도를 타고 멀리 있는 유명한 절이나 신사까지 가는 사람이 증가했습니다.

6. 그 북적임을 신문은 '하쓰모데'라는 제목으로 기사화했고 인기가 높아지자 철도 회사는 임시 열차를 운행하게 되었습니다. 철도 회사 사이에서는 승객을 모으기 위한 경쟁이 치열해졌고, 그래서 1899년 이후 철도 회사가 '하쓰모데'라는 말을 본격적으로 사용하여 대대적으로 선전함으로써 이 말이 널리 퍼지게 된 것입니다.

참고 : 교통신문사 신서『철도가 바꾼 사사(신사와 절) 참예』

## WORDS

明ける (날이) 새다, 밝다 | 今年 올해 | 正月 정월, 새해 첫날 | あいさつ 인사 | 本来 본래 | 最初 최초, 처음 | 意味 의미, 뜻 | 三が日 정초의 3일간(1월 1일~3일) | 新年 신년 | 祝う 축하하다 | 期間 기간 | 家族 가족 | 一緒に 함께, 같이 | のんびり 느긋하게, 여유롭게, 유유히 | 過ごす 지내다, (시간을) 보내다 | おせち料理 오세치 요리(정월에 먹는 요리) | 初詣 정월 첫 참배(신사나 절에 가서 새해 첫 예를 올리는 것) | 出かける 외출하다, 나가다 | 年が明ける 새해가 되다 | 初めて 처음으로 | (お)寺 절 | 神社 신사 | お参りする 참배하다, 예를 올리다 | 神様 신의 높임말 | ~ように ~(이)기를, ~(이)도록 | 祈る 빌다, 기도하다 | (お)みくじ 길흉을 점쳐 보기 위해 뽑는 제비 | 引く 빼다, 뽑다 | 新しい 새롭다 | 年 해 | 運 운 | うらなう 점치다, 예언하다 | ところが 그런데, 그러나 | 実は 실은, 사실은 | 言葉 말, 언어 | 意外にも 의외로 | 鉄道 철도 | 深い 깊다 | 関係 관계, 관련 | もともと 원래, 본래 | 江戸時代 에도 시대(1603~1868년) | 元日 원일, 새해 첫날 | 出歩く 나다니다, 여기저기 돌아다니다 | 地元 그 고장, 자신의 생활 근거지 | 年神様 정월의 신 | 迎える 맞이하다, 맞다 | 年ごもり 연말연시에 (일을 쉬고) 신사나 절에 틀어박혀 기도를 드리는 것 | 風習 풍습 | 後期 후기 | 近く 가까운 곳, 근처 | 明治 메이지 시대의 연호(1868~1912년) | 新橋 신바시(지명) | 横浜 요코하마(지명) | できる 생기다 | 中期 중기, 중간 시기 | 休む 쉬다 | 考え 생각 | 広まる 퍼지다, 확산되다 | それに 게다가, 더욱이 | ~による ~에 의한(따른) | 交通の便 교통편 | ~に乗る ~을/를 타다 | 遠く 멀리, 먼 곳 | 増える 늘다, 증가하다 | にぎわい 북적임, 번화함 | 新聞 신문 | タイトル 타이틀, 제목 | 記事 기사 | 書く 쓰다, 적다 | 人気 인기 | 高まる 높아지다, 고조되다 | 臨時 임시 | 列車 열차 | 運行する 운행하다 | ~ようになる ~(하)게 되다 | 間 동안, 사이 | 乗客 승객 | 集める 모으다 | ~ため ~위한 | 競争 경쟁 | 激しい 격렬하다, 치열하다 | ~くなる ~해지다, ~어(아)지다 | そこで 그래서 | 以降 이후 | 本格的に 본격적으로 | 大々的に 대대적으로 | 宣伝する 선전하다 | ~ことで ~(함)으로써

## 📝 문형 CHECK

🔊 음성 듣기

TRACK **100**

### 1  ～ため(に)  ~때문에 [이유・원인]

어떠한 일의 이유나 원인을 나타낼 때 씁니다. 「동사・い형용사 보통형(반말체) + ため(に)」, 「な형용사 어간 + なため(に)」, 「명사 + のため(に)」 형태로 씁니다. 문맥에 따라 목적을 나타내는 경우도 있습니다. (UNIT10 - 91p 참고)

- たくさん雨が降ったため、洪水になりました。
  비가 많이 와서 홍수가 났습니다.

- 仕事が忙しかったために、飲み会に参加できませんでした。
  일이 바빴기 때문에 술자리에 참석하지 못했습니다.

- 子ども一人では心配なために母が一緒に行った。
  아이 혼자서는 걱정이 되기 때문에 엄마가 함께 갔다.

- 工事中のため、この先は通れません。
  공사 중이기 때문에 이 앞은 통과할 수 없습니다.

- 車を買うために朝から晩まで働きました。
  차를 사기 위해 아침부터 밤까지 일했습니다. [목적]

**WORDS**
- 洪水 홍수
- 忙しい 바쁘다
- 飲み会 회식, 술자리
- 参加 참가, 참석
- 心配だ 걱정이다
- 行く 가다
- 通る 통하다, 지나다
- 買う 사다
- 働く 일하다

TRACK **101**

### 2  ～たことがある  ~한 적이 있다

어떤 일을 한 경험이 있다는 것을 나타낼 때 쓰는 표현으로 「동사 た형 + ことがある」 형태로 씁니다.

- 病気で入院したことがある。
  병으로 입원한 적이 있다.

- お金がなくて、米が買えなかったことがあります。
  돈이 없어서 쌀을 못 산 적이 있습니다.

- あの人は前にどこかで会ったことがあります。
  저 사람은 전에 어딘가에서 만난 적이 있습니다.

- 富士山にはまだ一度も登ったことはありません。
  후지산에는 아직 한번도 오른 적은 없습니다.

**WORDS**
- 病気 병, 질병
- 入院する 입원하다
- 会う 만나다
- 登る 오르다, 올라가다

UNIT 15 새해맞이

## 실력 CHECK

**1** 다음 단어를 어떻게 읽는지 히라가나로 쓰고 뜻도 써 보세요.

> 보기
> 名前 　　なまえ　　　이름

(1) 最初

(2) 競争

(3) 祝う

(4) 地元

**2** 다음 문장을 완성해 보세요.

(1) 熱(ねつ)がひどい_____、今日(きょう)は学校(がっこう)を休(やす)みます。
열이 심하기 때문에 오늘은 학교를 쉽니다(쉬겠습니다).

(2) _____試合(しあい)は中止(ちゅうし)された。
비 때문에 시합은 중지되었다.

(3) テレビをつけたまま_____があります。
TV를 켠 채로 자 버렸던 적이 있습니냐. (~たまま ~한 채 / ~てしまう ~해 버리다)

(4) アメリカに_____がありますか。
미국에 간 적이 있나요?

**3** 학습한 표현을 사용하여 자유롭게 답해 보세요.

(1) 友<sub>とも</sub>だちから明日<sub>あした</sub>、誕生日<sub>たんじょうび</sub>のパーティーがあるとメールが来<sub>き</sub>ましたが、明日<sub>あした</sub>はアルバイトで行<sub>い</sub>けません。友<sub>とも</sub>だちに何<sub>なん</sub>と言<sub>い</sub>いますか。
친구로부터 내일 생일 파티가 있다고 메일이(문자가) 왔지만, 내일은 아르바이트로 갈 수 없습니다. 친구에게 뭐라고 말하겠습니까?

(「~ため(に)」를 넣어서)

(2) 今<sub>いま</sub>まで何<sub>なに</sub>か特別<sub>とくべつ</sub>な経験<sub>けいけん</sub>をしたことがありますか。
지금까지 뭔가 특별한 경험을 한 적이 있습니까?

(「~たことがあります」를 넣어서)

**4** STORY 본문의 내용을 잘 이해했는지 〇, ✕로 체크해 봅시다.

(1) 「お正月<sub>しょうがつ</sub>」는 본래 1년의 첫 번째 달이라는 뜻이었다.　　〇　✕

(2) '오세치 요리'는 한 해의 마지막 날에 먹는 음식이다.　　〇　✕

(3) 「初詣<sub>はつもうで</sub>」라는 말은 에도 시대 중기부터 널리 퍼졌다.　　〇　✕

(4) 「初詣<sub>はつもうで</sub>」라는 말이 확산된 데에는 철도 발달의 영향이 크다.　　〇　✕

따라 쓰 보기

「明けましておめでとうございます。今年もよろしくお願いいたします」という「お正月」のあいさつを聞いたことがありますか。「お正月」とは、本来１年の最初の月を意味します。

また、一月一日から一月三日までを「三が日」といい、新年を祝います。この期間は、家族と一緒に家でのんびり過ごしたり、おせち料理を食べたり、初詣に出かけたりします。

「初詣」というのは、年が明けて初めてお寺や神社にお参りすることをいいます。たくさんの人が初詣に行って、神様に今年もよい年でありますように！とお祈りしたり、お寺や神社で「おみくじ」を引いて新しい年の運をうらなったりします。

ところが、実は「初詣」という言葉は意外にも鉄道と深い関係があります。もともと江戸時代までは元日の日には出歩かないで、家や地元のお寺や神社にこもり、年神様をお迎えする「年ごもり」の風習がありました。江戸後期になると、元日に家の近くのお寺や神社にお参りする人はいましたが、「初詣」という言葉はなかったそうです。

1872（明治5）年、新橋と横浜の間で、鉄道ができました。明治中期になると日曜日や三が日は休むという考えが広まりました。それに、鉄道による交通の便がよくなったため、鉄道に乗って遠くにある有名なお寺や神社まで行く人が増えました。

　そのにぎわいを新聞は「初詣」というタイトルで記事にし、人気が高まると、鉄道会社は臨時の列車を運行するようになりました。鉄道会社の間では乗客を集めるための競争が激しくなり、そこで、1899年以降、鉄道会社が「初詣」という言葉を本格的に使って大々的に宣伝したことで、この言葉が広まったのです。

- 문법 요약

- 실력 CHECK 정답

## 문법 요약

• **동사의 종류**

| 종류 | 특징 | 예 |
|---|---|---|
| 1그룹 동사 | 2·3그룹에 속하지 않는 모든 동사<br>(즉, 어미가 「る」가 아닌 동사, 또는 어미가 「る」로 끝나지만 「る」 앞 글자가 「あ・う・お」단인 경우) | 買う 사다   行く 가다   乗る 타다 |
| 2그룹 동사 | 어미가 「る」로 끝나며, 「る」 앞 글자가 「い・え」단인 경우 | 見る 보다   食べる 먹다   寝る 자다 |
| 3그룹 동사 | 불규칙하고 두 개뿐이므로 그냥 암기 | する 하다   来る 오다 |

(▶ 동사 3그룹 → 2그룹 → 1그룹 순서로 외우면 보다 쉽게 기억하실 수 있습니다.)

• **동사 ます형**

| 종류 | 활용법 | 예 |
|---|---|---|
| 1그룹 동사 | 어미 う단 → い단 + ます | 買う 사다 → 買います 삽니다<br>行く 가다 → 行きます 갑니다 |
| 2그룹 동사 | 어미 る를 떼고 + ます | 見る 보다 → 見ます 봅니다<br>食べる 먹다 → 食べます 먹습니다 |
| 3그룹 동사 | 불규칙하고 두 개뿐이므로 그냥 암기 | する 하다 → します 합니다<br>来る 오다 → 来ます 옵니다 |

• **동사 ない형**

| 종류 | 활용법 | 예 |
|---|---|---|
| 1그룹 동사 | 어미 う단 → あ단 + ない<br>(어미가 う인 경우는 わ로 바꿈) | 買う 사다 → 買わない 사지 않다<br>行く 가다 → 行かない 가지 않다 |
| 2그룹 동사 | 어미 る를 떼고 + ない | 見る 보다 → 見ない 보지 않다<br>食べる 먹다 → 食べない 먹지 않다 |
| 3그룹 동사 | 불규칙하고 두 개뿐이므로 그냥 암기 | する 하다 → しない 하지 않다<br>来る 오다 → 来ない 오지 않다 |

## • 동사 て형

| 종류 | 활용법 | 예 |
|---|---|---|
| 1그룹 동사 | 어미 う・つ・る → って<br>어미 ぬ・ぶ・む → んで<br>어미 く・ぐ → いて・いで<br>어미 す → して | 買う 사다 → 買って 사고, 사서<br>飲む 마시다 → 飲んで 마시고, 마셔서<br>書く 쓰다 → 書いて 쓰고, 써서<br>急ぐ 서두르다 → 急いで 서두르고, 서둘러서<br>話す 말하다 → 話して 말하고, 말해서<br>(*예외: 行く 가다 → 行って 가고, 가서) |
| 2그룹 동사 | 어미 る를 떼고 + て | 見る 보다 → 見て 보고, 봐서<br>食べる 먹다 → 食べて 먹고, 먹어서 |
| 3그룹 동사 | 불규칙하고 두 개뿐이므로 그냥 암기 | する 하다 → して 하고, 해서<br>来る 오다 → 来て 오고, 와서 |

## • 동사 た형

| 종류 | 활용법 | 예 |
|---|---|---|
| 1그룹 동사 | 어미 う・つ・る → った<br>어미 ぬ・ぶ・む → んだ<br>어미 く・ぐ → いた・いだ<br>어미 す → した | 買う 사다 → 買った 샀다<br>飲む 마시다 → 飲んだ 마셨다<br>書く 쓰다 → 書いた 썼다<br>急ぐ 서두르다 → 急いだ 서둘렀다<br>話す 말하다 → 話した 말했다<br>(*예외: 行く 가다 → 行った 갔다) |
| 2그룹 동사 | 어미 る를 떼고 + た | 見る 보다 → 見た 봤다<br>食べる 먹다 → 食べた 먹었다 |
| 3그룹 동사 | 불규칙하고 두 개뿐이므로 그냥 암기 | する 하다 → した 했다<br>来る 오다 → 来た 왔다 |

## • 동사 가능형  ~할 수 있다

| 종류 | 활용법 | 예 |
|---|---|---|
| 1그룹 동사 | 어미 う단 → え단 + る | 乗る 타다 → 乗れる 탈 수 있다<br>話す 말하다 → 話せる 말할 수 있다 |
| 2그룹 동사 | 어미 る를 떼고 + られる | 食べる 먹다 → 食べられる 먹을 수 있다<br>見る 보다 → 見られる 볼 수 있다 |
| 3그룹 동사 | 불규칙하고 두 개뿐이므로 그냥 암기 | する 하다 → できる 할 수 있다<br>来る 오다 → 来られる 올 수 있다 |

## • 동사 수동형  ~받다, ~되다, ~지다, ~당하다

| 종류 | 활용법 | 예 |
|---|---|---|
| 1그룹 동사 | 어미 う단 → あ단 + れる<br>(어미가 う인 경우는 わ로 바꿈) | 呼ぶ 부르다 → 呼ばれる 불리다<br>作る 만들다 → 作られる 만들어지다<br>言う 말하다 → 言われる 일컬어지다 |
| 2그룹 동사 | 어미 る를 떼고 + られる | 食べる 먹다 → 食べられる 먹히다<br>見る 보다 → 見られる (남에게) 보이다, 보여지다 |
| 3그룹 동사 | 불규칙하고 두 개뿐이므로<br>그냥 암기 | する 하다 → される 받다, 당하다<br>来る 오다 → 来られる (남이) 오다, 방문을 받다 |

(▶ 2그룹 동사의 경우, 가능형과 수동형의 형태가 동일하므로 문맥을 통해 구별해야 합니다.)

## • 동사 청유형·의지형   ~하자, ~하겠다

| 종류 | 활용법 | 예 |
|---|---|---|
| 1그룹 동사 | 어미 う단 → お단 + う | 会う 만나다 → 会おう 만나자, 만나겠다<br>行く 가다 → 行こう 가자, 가겠다<br>飲む 마시다 → 飲もう 마시자, 마시겠다 |
| 2그룹 동사 | 어미 る를 떼고 + よう | 食べる 먹다 → 食べよう 먹자, 먹겠다<br>見る 보다 → 見よう 보자, 보겠다 |
| 3그룹 동사 | 불규칙하고 두 개뿐이므로 그냥 암기 | する 하다 → しよう 하자, 하겠다<br>来る 오다 → 来よう 오자, 오겠다 |

## • 가정형 「ば」   ~면 (조건)

| 종류 | | 활용법 | |
|---|---|---|---|
| 명사 | 風邪 감기 | 긍정 ~なら(ば)<br>부정 ~じゃなければ | 風邪なら(ば) 감기면<br>風邪じゃなければ 감기가 아니면 |
| な형용사 | 簡単だ 간단하다 | 긍정 어간 + なら(ば)<br>부정 어간 + じゃなければ | 簡単なら(ば) 간단하면<br>簡単じゃなければ 간단하지 않으면 |
| い형용사 | 忙しい 바쁘다 | 긍정 어간 + ければ<br>부정 어간 + くなければ | 忙しければ 바쁘면<br>忙しくなければ 바쁘지 않으면 |
| 1그룹 동사 | 行く 가다 | 긍정 어미 う단 → え단 + ば<br>부정 ない형 + なければ | 行けば 가면<br>行かなければ 가지 않으면 |
| 2그룹 동사 | 食べる 먹다 | 긍정 어미 る를 떼고 + れば<br>부정 ない형 + なければ | 食べれば 먹으면<br>食べなければ 먹지 않으면 |
| 3그룹 동사 | する 하다<br>来る 오다 | 긍정 すれば / 来れば<br>부정 ない형 + なければ | すれば 하면   来れば 오면<br>しなければ 하지 않으면<br>来なければ 오지 않으면 |

## 실력 CHECK 정답

### UNIT 01

**1**  (1) 田舎 __いなか__ 시골
   (2) 世界 __せかい__ 세계, 세상
   (3) 住む __すむ__ 살다
   (4) 努力 __どりょく__ 노력

**2**  (1) 趣味は音楽を聴くことです。
   (2) 教室で本を読んでいます。
   (3) ギターを弾きながら歌っています。
   (4) ご飯を食べながらテレビを見ています。

**3**  예시 답안
   (1) 趣味はユーチューブを見ることです。
      취미는 유튜브를 보는 것입니다.
   (2) 休みの日には、家の掃除をしています。
      쉬는 날에는 집 청소를 하고 있습니다.

**4**  (1) ○  (2) ×  (3) ×  (4) ○

### UNIT 02

**1**  (1) 着く __つく__ 도착하다
   (2) 電車 __でんしゃ__ 전철
   (3) 授業 __じゅぎょう__ 수업
   (4) 磨く __みがく__ 닦다

**2**  (1) 部屋に入る前にノックしましょう。
   (2) 野菜はよく洗ってから食べてください。
   (3) レシピを見た後で料理を作ってみた。
   (4) 空港に着いたら、電話をしてください。

**3**  예시 답안
   (1) 今日は6時半に起きて、ご飯を食べる前に犬と散歩に行きました。その後ニュースを見てから家を出ました。
      오늘은 6시 반에 일어나서 밥을 먹기 전에 강아지와 산책하러 갔습니다. 그 후 뉴스를 보고 나서 집을 나왔습니다.
   (2) 会社にはバスで40分かかります。バスを降りてからは歩いて10分ぐらいです。
      회사에는 버스로 40분 걸립니다. 버스를(에서) 내려서는 걸어서 10분 정도입니다.

**4**  (1) ○  (2) ×  (3) ×  (4) ×

### UNIT 03

**1**  (1) 手紙 __てがみ__ 편지
   (2) 初めて __はじめて__ 처음, 처음으로
   (3) 暑い __あつい__ 덥다
   (4) 光る __ひかる__ 빛나다

**2**  (1) 一緒に映画を見たり食事をしたりしました。
   (2) 休みの日には友だちが遊びに来たりします。
   (3) また、北海道に行きたいです。
   (4) いろいろな国に旅行したいです。

**3**  예시 답안
   (1) 土曜日は買い物に行ったり友だちと会ったりします。
      토요일은 쇼핑하러 가거나 친구와 만나거나 합니다.
   (2) 日本に旅行したらジブリパークに行ったりたこやきを食べたりしたいです。
      일본에 여행 가면 지브리파크에 가거나 디고야키를 먹거나 하고 싶습니다.

**4**  (1) ×  (2) ○  (3) ×  (4) ○

### UNIT 04

**1**  (1) 風 __かぜ__ 바람
   (2) 風邪 __かぜ__ 감기
   (3) 動き __うごき__ 움직임
   (4) 考える __かんがえる__ 생각하다

**2** (1) 宿題を忘れてしまいました。
(2) 母は私にネクタイを買ってくれました。
(3) 彼はいつもここで私を待ってくれます。
(4) ちょっと家に電話してきます。

**3** 예시 답안
(1) 彼氏が花をプレゼントしてくれました。
남자 친구가 꽃을 선물해 주었습니다.
(2) ちょっと郵便局に手紙を出しに行ってきます。
잠시 우체국에 편지를 부치러 다녀오겠습니다.

**4** (1) ○  (2) ×  (3) ○  (4) ○

## UNIT 05

**1** (1) 地域　ちいき　지역
(2) 違う　ちがう　다르다
(3) 細長い　ほそながい　가늘고 길다
(4) 薄い　うすい　얇다, (밀도가) 적다

**2** (1) ぜひ一度旅行に行ってみたいです。
(2) 新幹線に乗ってみたいと思っていました。
(3) 電車とバスとどちらが速いですか。
(4) 春と秋とどちらが好きですか。

**3** 예시 답안
(1) 日本語の漢字は読み方が難しいです。
일본어 한자는 읽는 방법이 어렵습니다.
(2) 海外旅行はフィンランドに行ってサンタに会ってみたいです。
해외여행은 핀란드에 가서 산타를 만나 보고 싶습니다.

**4** (1) ○  (2) ×  (3) ×  (4) ○

## UNIT 06

**1** (1) 大好物　だいこうぶつ　매우 좋아하는 음식
(2) 入る　はいる　들어가다, 들어오다
(3) 言葉　ことば　말, 언어
(4) 好き嫌い　すききらい　호불호(좋아하고 싫어함)

**2** (1) 顔がりんごのように赤くなりました。
(2) お好み焼きが作れるようになりました。
(3) 雪が降ったようです。
(4) 例えば、ねこのような動物が好きです。

**3** 예시 답안
(1) これは石のように固いです。
이것은 돌처럼 딱딱합니다.
その山は富士山のように高いです。
그 산은 후지산처럼 높습니다.
あの人はモデルのようにきれいです。
저 사람은 모델처럼 예쁩니다.
(2) 日本人の友だちと日本語でメールができるようになりました。
일본인 친구와 일본어로 메일을(문자 메시지를) 할 수 있게 되었습니다.

**4** (1) ×  (2) ○  (3) ○  (4) ×

## UNIT 07

**1** (1) 通じる　つうじる　통하다
(2) 短い　みじかい　짧다
(3) 探す　さがす　찾다
(4) 単語　たんご　단어

**2** (1) 父が明日は会社を休むと言いました。
(2) これは何という食べ物ですか。

(3) 抜き打ちテストをするという話を耳にした。

(4) 「早出」というのはいつもの出勤時間より早く出ることです。

**3** 예시 답안

(1) 私が通っている学校は東京高校といいます。
제가 다니고 있는 학교는 도쿄 고등학교라고 합니다.

(2) カフェに朝早い時間に行くとコーヒーにトーストなどがサービスでついてくることをいいます。
카페에 아침 이른 시간에 가면 커피에 토스트 등이 서비스로 함께 나오는 것을 말합니다.

**4** (1) ✕   (2) ○   (3) ✕   (4) ○

## UNIT 08

**1** (1) 地名   ちめい   지명
(2) 出発   しゅっぱつ   출발
(3) 暮らし   くらし   삶, 생활
(4) 場所   ばしょ   장소

**2** (1) ニュースによると犯人をつかまえたそうです。
(2) 彼の話では土曜日はとても忙しかったそうだ。
(3) 今日のランチはスペシャルカレーだそうです。
(4) えーっ、どうしてそんなに高いんですか。

**3** 예시 답안

(1) 今年の梅雨は雨が少ないそうです。
올해 장마는 비가 적다고 합니다.

(2) 日本の歌が好きで歌の意味が知りたかったんです。
일본 노래를 좋아해서 노래의 의미를 알고 싶었습니다.

**4** (1) ○   (2) ✕   (3) ○   (4) ✕

## UNIT 09

**1** (1) 思い出   おもいで   추억
(2) 増える   ふえる   늘다, 증가하다
(3) 転ぶ   ころぶ   구르다, 넘어지다
(4) 写真   しゃしん   사진

**2** (1) 私も先生にほめられたいです。
(2) この本はたくさんの人に愛されています。
(3) さっき先生に呼ばれて職員室に行きました。
(4) このお寺は100年前に建てられたといいます。

**3** 예시 답안

(1) テストがよくできたと両親にほめられました。
시험을 잘 봤다고 부모님께 칭찬받았습니다.

(2) まどを開けるか外に出たほうがいいです。
창문을 열거나 밖으로 나가는 편이 좋습니다.

**4** (1) ✕   (2) ○   (3) ✕   (4) ○

## UNIT 10

**1** (1) 自分   じぶん   자기, 자신
(2) 印象   いんしょう   인상
(3) 結果   けっか   결과
(4) 落ち着く   おちつく   진정되다, 차분하다

## 실력 CHECK 정답

**2** (1) 車を買うため(に)お金を貯めています。
(2) 子どもたちのため(に)家族旅行を計画しました。
(3) 宿題が多すぎて大変です。
(4) 先週は忙しすぎてほかのことは何もできなかった。

**3** 예시 답안
(1) 種類が多くて電車が一番利用しやすいです。
종류가 많아서 전철이 가장 이용하기 편합니다.
(2) カードが使えなくて買い物がしにくい店がありました。
카드를 사용할 수 없어서 쇼핑을 하기 어려운 가게가 있었습니다.

**4** (1) ✕　(2) ✕　(3) ○　(4) ✕

### UNIT 11

**1** (1) 数える　かぞえる　세다, 셈하다
(2) 借りる　かりる　빌리다
(3) 手伝う　てつだう　돕다, 거들다
(4) 調べる　しらべる　조사하다, 알아보다

**2** (1) このカフェは静かなので、本を読む人が多い。
(2) 風邪なのに仕事が忙しくて休めません。
(3) 明るくなるまでここに一緒にいてほしい。
(4) これ以上親を心配させないでほしいです。

**3** 예시 답안
(1) 両親は子どもが一人で外国にいるのが心配なので留学に反対しています。
부모님은 아이가 혼자 외국에 있는 것이 걱정되기 때문에 유학에 반대하고 있습니다.

(2) 母にお願いしたいです。
「お母さん、明日は6時に起こしてほしい。」
엄마에게 부탁하고 싶습니다.
"엄마, 내일은 6시에 깨워 주면 좋겠어."

**4** (1) ○　(2) ✕　(3) ○　(4) ○

### UNIT 12

**1** (1) 種類　しゅるい　종류
(2) 違い　ちがい　다름, 차이
(3) 軽い　かるい　가볍다
(4) 混ぜる　まぜる　섞다, 혼합하다

**2** (1) この道をまっすぐ行くとコンビニがあります。
(2) 今月末までに使わないとポイントはすべて無効になります。
(3) 授業中にスマホを出してはいけません。
(4) お酒を飲んだら絶対に運転してはいけません。

**3** 예시 답안
(1) 美術館や博物館の中では作品にさわってはいけません。
미술관이나 박물관 안에서는 작품에 손대서는 안 됩니다.
(2) 今週は宿題をしなければなりません。
이번 주는 숙제를 해야 합니다.

**4** (1) ○　(2) ✕　(3) ✕　(4) ○

### UNIT 13

**1** (1) 表す　あらわす　나타내다, 표현하다
(2) 伝える　つたえる　전하다
(3) 制限　せいげん　제한

(4) 文字　　もじ　　문자, 글자

**2** (1) あと1,000円だけあればあのスカートが買えたのに。
(2) 雨が降らなければ、試合は中止にならなかったのに。
(3) 早く帰って、家で休むつもりです。
(4) 頭が痛いので、薬局で薬を買って飲むつもりです。

**3** 예시 답안
(1) 子どものころ医者になりたかったです。もっとまじめに勉強すれば大学に合格できたのに。
어렸을 때 의사가 되고 싶었습니다. 좀 더 성실하게 공부했다면 대학에 합격할 수 있었을 텐데.
(2) 夏休みはアルバイトをするつもりです。
여름 방학에는 아르바이트를 할 생각입니다.

**4** (1) ×　(2) ○　(3) ○　(4) ×

## UNIT 14

**1** (1) 家庭　　かてい　　가정
(2) 焼く　　やく　　굽다, 태우다
(3) 煮る　　にる　　삶다, 조리다
(4) 超える　　こえる　　넘다, 초과하다

**2** (1) ドアが開いていることから、だれかいるのがわかった。
(2) 大豆はタンパク質が多いことから「畑の肉」とも呼ばれます。
(3) 今晩から明日の朝にかけて風が強く吹くそうだ。
(4) 6月から7月にかけて梅雨になる地域が多い。

**3** 예시 답안
(1) 日本では1月から5月にかけてさくらの花が咲きます。
일본에서는 1월부터 5월에 걸쳐 벚꽃이 핍니다.
(2) 名前が「やまだ」であることから「やまちゃん」と呼ばれています。
이름이 '야마다'이기 때문에 '야마짱'이라고 불리고 있습니다.

**4** (1) ○　(2) ○　(3) ×　(4) ○

## UNIT 15

**1** (1) 最初　　さいしょ　　최초, 처음
(2) 競争　　きょうそう　　경쟁
(3) 祝う　　いわう　　축하하다
(4) 地元　　じもと　　그 고장, 생활 근거지

**2** (1) 熱がひどいため(に)、今日は学校を休みます。
(2) 雨のため(に)試合は中止された。
(3) テレビをつけたまま寝てしまったことがあります。
(4) アメリカに行ったことがありますか。

**3** 예시 답안
(1) ごめん、アルバイトのため、パーティーには行けない。
미안, 아르바이트 때문에 파티에는 갈 수 없어.
(2) 中学生の時にテレビに出たことがあります。
중학생 때 TV에 나온 적이 있습니다.

**4** (1) ○　(2) ×　(3) ×　(4) ○

MEMO

## 착! 붙는
## 일본어 독해

| | |
|---|---|
| 초판 인쇄 | 2025년 9월 22일 |
| 초판 발행 | 2025년 10월 10일 |
| | |
| 저자 | 최민경 |
| 편집 | 조은형, 김성은, 오은정, 무라야마 토시오 |
| 펴낸이 | 엄태상 |
| 디자인 | 이건화 |
| 일러스트 | eteecy(표지), 최예나(내지) |
| 조판 | 이서영 |
| 콘텐츠 제작 | 김선웅, 이다빈, 조현준, 윤여명, 장형진 |
| 마케팅 | 이승욱, 노원준, 조성민, 이선민, 김동우 |
| 경영기획 | 조성근, 최성훈, 김로은, 최수진, 오희연 |
| 물류 | 정종진, 윤덕현, 신승진, 구윤주 |
| | |
| 펴낸곳 | 시사일본어사(시사북스) |
| 주소 | 서울시 종로구 자하문로 300 시사빌딩 |
| 주문 및 교재 문의 | 1588-1582 |
| 팩스 | 0502-989-9592 |
| 홈페이지 | www.sisabooks.com |
| 이메일 | book_japanese@sisadream.com |
| 등록일자 | 1977년 12월 24일 |
| 등록번호 | 제 300-2014-92호 |

ISBN 978-89-402-9453-6 (13730)

* 이 책의 내용을 사전 허가 없이 전재하거나 복제할 경우 법적인 제재를 받게 됨을 알려 드립니다.
* 잘못된 책은 구입하신 서점에서 교환해 드립니다.
* 정가는 표지에 표시되어 있습니다.